GLANES

ET REGAINS

RÉCOLTÉS

DANS LES ARCHIVES DE LA MAISON DU PRAT.

GLANES
ET REGAINS

RÉCOLTÉS

DANS LES ARCHIVES DE LA MAISON DU PRAT

RECUEILLIS ET RÉUNIS

PAR LE MARQUIS DU PRAT

MEMBRE CORRESPONDANT DE L'ACADÉMIE DE CLERMONT-FERRAND, ETC.

Vadam in agrum, et colligam spicas quæ fugerint manus metentium.
(RUTH, c. 2, v. 2).

VERSAILLES

BEAU JEUNE, IMPRIMEUR-LIBRAIRE

36, RUE DE L'ORANGERIE, 36.

—

1865

PRÉFACE.

Les pièces qui forment ce volume, distantes entre elles par les dates, diverses par le style, opposées souvent par les sujets, n'ont d'autre lien qui les unisse que le nom de du Prat. Il se présente en chacune comme destination, signature, rencontre, motif ou hasard. Malgré la curiosité, soit historique, soit littéraire qu'elles éveillent, je n'ai point trouvé que le nœud qui les assemble et qui fait un tout de ces richesses éparses, fût une cause suffisante pour les offrir au public. La nature souvent intime et le sens toujours personnel des lettres et fragments qui le composent, m'ont détourné de cette entreprise que peut-être on eût taxée de témérité. Je soumets ce recueil à la famille, qui trouvera quelque intérêt direct dans ses pages, et je l'offre à l'amitié, qui voudra bien lui réserver quelque indulgence.

Porter au delà ses prétentions, eût été une hardiesse que le sujet ne permet pas. Pour solliciter d'autres suffrages, il eût fallu plus d'abnégation des souvenirs propres, et plus d'étude peut-être que mes loisirs ne m'ont permis d'en consacrer au travail en question.

L'écriture et la parole adressées au dehors doivent avoir quelques apprêts jusque dans leur simplicité, et conserver les traits du détachement jusque dans les satisfactions intimes et dans les retours inévitables sur soi-même. J'ai craint qu'un nom répété tant de fois par l'effet des circonstances qui le ramènent ne fût comme une importunité pour le lecteur, et j'ai exclu, par un égard respectueux et discret, ce volume du domaine public. Si les chances de son hommage et la fortune de ses rares destinations lui obtiennent quelque sympathie et lui donnent quelque utilité historique, j'aurai reçu plus de récompense que n'en mérite le modeste essai de réunion et d'annotation auquel je me suis livré.

Dans la double catégorie de la famille et de l'amitié à laquelle s'adresse ce travail, il est dans mon dessein de l'offrir à tous les âges : à celui qui veut la clarté, aussi bien qu'à celui auquel plaît l'étude et sourit la science. Pour qu'il fût plus agréablement lu et plus aisément compris par tous, je n'ai point reproduit l'orthographe des pièces originales qui sont entre mes mains. La fidélité des expressions est la seule à laquelle je me suis scrupuleusement attaché. Quant à celle de l'orthographe, elle ne m'a semblé ni un signe, ni une règle du temps, mais le simple goût et le choix personnel de l'écrivain : choix et goût souvent variables

et méconnaissables sous la même plume, d'une date à l'autre. Pour ne citer qu'un exemple du peu de soin qu'en prenoient les plus doctes d'autrefois. « L'accen-
» tuation et la ponctuation, dit Monsieur le baron
» Feuillet de Conches, étoient des détails dont Mon-
» taigne n'avoit généralement nul souci, non plus que
» de l'orthographe (1). » Montaigne l'explique lui-même et l'excuse en disant : « J'écris mes lettres tou-
» jours en poste et précipiteusement; » et ailleurs :
« Je ne me mêle ni d'orthographe, ni de ponctuation;
» je suis peu expert en l'une et l'autre. »

Cette inégalité étoit du reste l'usage autrefois accepté : Henri IV, en fait de style et d'orthographe, écrivoit au hasard de la plume, et ce n'est point aux règles qu'il observoit plus qu'au goût qui le dirigeoit, que ses lettres sont reconnoissables. Monsieur Poirson, dans la savante histoire qu'il nous a donnée de ce grand Prince, écrit de lui : « C'est un homme d'action,
» n'ayant jamais astreint sa pensée à aucune marche
» régulière : exprimant l'impression du moment avec
» le premier mot qui lui vient, sans se soucier de
» l'ordre dans lequel se rangent ses idées, de la forme
» qu'elles revêtent. Aux diverses époques de sa vie et
» à des périodes séparées par un intervalle de 17 ans,
» il rend ses idées de la façon la plus différente et la

---

(1) M. le baron Feuillet de Conches. *Lettres inédites de Montaigne*, etc., p. 207. Un vol. in-8°, chez Plon, 1863.

» moins disciplinée. Son style est tantôt bref, rapide,
» clair, tantôt embarrassé et retardé par une multitude
» d'incises, tantôt coupé et tantôt périodique, sans
» qu'il y ait aucune raison de cette variété et de cette
» opposition (1). » L'insouciance des mots entraînoit
celle des lettres, l'abandon du style amenoit l'irrégularité de l'orthographe.

Ces considérations et ces textes m'ont autorisé et presque invité à ne point faire de l'orthographe personnelle des personnages auxquels j'emprunte les pièces qui suivront, un trait de leur préférence, une loi de leur goût, mais un effet de leur promptitude. Par ces motifs je me suis attaché en ce point, moins à celui qui écrit qu'à ceux qui doivent lire. Voilà pourquoi, sauf les erreurs typographiques que je corrige mal, imitant en ce point l'indolence de Montaigne et prenant acte du sans-souci d'Henri IV, j'ai ramené l'orthographe de chacun à une uniformité et à des habitudes voisines de nos jours.

Mon projet, en mettant la famille dans la confidence de ces correspondances de tout temps, de toute plume et de toute main, est de rendre à la maison du Prat, à ses parents et à ses alliés un service purement généalogique. Dans des publications antérieures, j'ai établi par les titres et par les faits la filiation et la biographie de ses membres, soit illustres, soit éminents, soit dis-

---

(1) *Histoire du règne de Henri IV*, t. IV, partie 2ᵉ, p. 581.

tingués, soit même tout bonnement bizarres, originaux ou criminels. Mais l'homme, la famille et leur situation ne sont point uniquement en eux-mêmes et en leurs actes; ils se complètent par l'honnêteté privée et par la hauteur comme par la célébrité de leurs relations. Il me semble que leurs liaisons, leurs correspondances, et la protection souveraine que surent obtenir les personnages dont j'ai parlé, achèvent de les peindre et de les grandir. Ces lettres diverses relèvent autant tels et tels de mes ancêtres que les brevets, les diplômes et les charges qu'ils purent réunir. De royales bienveillances et d'illustres amitiés sont plus pour celui qu'elles touchent et qui les conquiert que ne le sont des preuves de cour, des preuves chapitrales, et autres distinctions, que je suis toutefois loin de dédaigner, les ayant consignées et énumérées lorsqu'il s'agissoit d'en rassembler les souvenirs et d'en recueillir la certitude. Enfin, si de ce sujet tout profane et fort étranger aux questions d'un ordre supérieur, il étoit permis de s'élever aux vérités mystérieuses pour donner aux choses d'ici-bas plus d'autorité par une comparaison avec celles de là-haut, il est sûr que si les ministres de Dieu ne sont pas en même temps ses amis, ceux qui sont ses amis sans être ses ministres recueillent de ce titre plus d'honneur et de profit que ceux qui sont ses ministres sans être ses amis.

Les événements et les siècles qui se sont succédés, ont vu Messieurs du Prat adversaires ou serviteurs des

Rois leurs maîtres ; plus souvent attachés cependant qu'opposés à leur cause. En tout cas, ils furent sous chaque règne, ceux des Valois et ceux des Bourbons, soit honorés de leur faveur, soit honorés de leur disgrâce. Je tiens à ce mot et je le confirme. Tout ce qui tombe du trône sur un sujet, sourires ou menaces, foudres ou fleurs, étant une illustration qui le sépare de la foule, et qui lui reconnoît ou qui lui confère un mérite singulier. Un homme atteint et frappé par le pouvoir (je ne parle point ici de la justice et de ses arrêts), est un homme qu'il distingue, qu'il consacre, qu'il sort du commun, et qu'il sauve de l'oubli. Que la main souveraine ouvre pour lui les portes du Louvre ou celles de la Bastille, elle en fait une victime digne d'intérêt, ou un Seigneur digne d'envie, également revêtu de noblesse, et environné de grandeur par la complaisance ou par la crainte, par le sourire ou par l'anathème qu'il sut inspirer au pouvoir.

Dieu merci, ce furent la fidélité et la faveur qui surtout honorèrent Messieurs du Prat : ce sont leurs témoignages épistolaires que je réunis ici.

Ce n'est point à une bienveillance de Rois ou de Princesses que je borne ma citation et mes preuves; je les étends à l'amitié que chaque génération ou chaque branche de la famille sut obtenir de tout ce que chaque règne, chaque siècle, chaque Cour, eurent de plus illustre en tout genre, en toute classe, en toute spécialité.

Bèze, du Cange, Henri Étienne, Régnier de la Planche et tant d'autres, parlant mal et passionnément du Chancelier du Prat, mais au bout du compte trouvant qu'il vaut la peine qu'on en disserte, qu'il est tellement grand qu'il le faut rabaisser, tellement catholique qu'il le faut calomnier, ne seroient pas plus laissés de côté dans mon recueil, si je me piquois d'être complet, que François Ier remerciant son ministre de ses services, qu'Henri IV félicitant un de ses neveux de sa bravoure, et que Louis XIV récompensant par un mot un de ses petits-fils de quelque haut fait.

Sans reproduire ici tout mon cartulaire, j'y prendrai un peu de chaque plume, de chaque ton, de chaque tour, pour établir cette vérité : qu'en tout temps Messieurs du Prat furent un objet ou de gratitude ou de jalousie, ou de nobles amitiés ou d'illustres haines, dignes en tout cas du grand privilége de l'attention de leurs souverains, et de la courtoisie ou de l'amitié des plus illustres de leurs contemporains.

Ayant tout dit en ce peu de lignes sur l'intention et sur la forme de cette publication, je la consacre comme un gage de respect aux ancêtres dont elle reproduit les noms, et je l'adresse comme un signe d'alliance et d'amitié aux membres de la famille qui descendent ainsi que moi de ces personnages.

FRANÇOIS Ier ET LE CHANCELIER DU PRAT.

Lorsqu'en l'année 1535, un 9 juillet, mourut au château de Nantouillet, âgé de 72 ans, le cardinal Antoine du Prat, chancelier de France, de Bretagne, du duché de Milan et de l'ordre du Roi, légat *à latere*, archevêque de Sens, évêque de Meaux et d'Alby, comte souverain de la Valteline, baron de Thiers, etc., le Roi son maître fit apposer, par le ministère du président Poyet, les scellés sur ses trésors et sur ses portefeuilles. Il vouloit que les immenses richesses qu'il avoit justement amassées à tous ces titres éminents, et que les nombreux secrets d'Etat qu'il possédoit par des droits légitimes, fissent retour à sa cassette et à ses archives : les papiers par une coutume de sage restitution ; l'or, l'argent et les choses précieuses, à titre d'emprunt et comme secours pendant dix ans pour ses finances épuisées.

Ainsi fut fait. Ces richesses étoient incalculables : Antoine du Prat avoit voué sa vie à son Prince, tant comme précepteur auprès de son enfance que comme ministre auprès de sa royale personne. Il avoit vécu et il mouroit en possession de sa faveur, dont il avoit reçu tour à tour les gages les plus certains et les plus solennels. Les souverains étrangers, Henri VIII, Charles-Quint, et tant d'autres, l'avoient, avec l'autorisation du Roi très-chrétien, comblé de leurs bienfaits et de leur confiance, qui n'étoient qu'un retour des négociations, des conférences et des traités auxquels il avoit employé et consumé son existence toute entière.

La dispersion de ces trésors, dont au reste la valeur fut restituée aux fils du Chancelier quelques années après leur emprunt, n'est point du sujet que j'expose. Le sort des papiers du Cardinal légat rentre seul dans la question : voici sur quel ordre définitif et réitéré, ils furent enlevés des archives de l'hôtel d'Hercule et de celles du château de Nantouillet.

« Monsieur le Président », écrivit le Roi à Guillaume Poyet, qui après Antoine du Bourg et Mathieu de Lonquejoue, fut le 3ᵉ successeur d'Antoine du Prat ; « Mon-
» sieur le Président, pour autant que vous savez de
» combien il importe pour ceux à qui se peut et pourra
» toucher ci-après de garder les papiers et registres
» de la légation, pour éviter les abus et procès qui
» se pourroient mouvoir, pour raison des expéditions
» qui ont été ci-devant faites en icelle légation du
» temps de monsieur le Légat. A cette cause je vous
» prie et ordonne que, incontinent la présente reçue,
» vous ayez à retirer des mains des enfants dudit feu
» Légat ou autres qui ont eu la charge ou maniement

» d'iceux registres et papiers, pour après les mettre
» par inventaire en lieu sûr, tel que adviserez, dont
» l'on les pourra retirer quand besoin sera. Au de-
» meurant je crois qu'il vous souvient très-bien des
» propos que je vous tins dernièrement touchant les
» traités, et autres papiers d'importance qui étoient
» ès-mains dudit feu Légat, et de combien je désire
» les recouvrer. Pourquoi vous les retirerez tous, et
» en ferez pareillement un inventaire, lequel vous
» m'enverrez incontinent par homme sûr et exprès,
» avec tous iceux traités, sans autrement vous mettre
» en peine de les faire doubler ; et après qu'ils seront
» entre mes mains, j'ordonnerai ce que je voudrai
» qu'il en soit fait ; en quoi faisant, vous me ferez
» service très-agréable, priant Dieu, Monsieur le Pré-
» sident, qu'il vous ait en sa sainte garde. Ecrit à
» Reims, le troisième jour d'août 1535, signé
» FRANÇOIS, et plus bas : LE BRETON, et sur ladite
» lettre est écrit : *A monsieur le Président Poyet* » (1).

Ce droit légitime du Prince fut rigoureusement exercé, ses ordres furent ponctuellement exécutés ; de tous les traités, correspondances, et autres documents et richesses dont le chancelier du Prat avoit la garde ou la possession, il ne demeura entre les mains de ses fils que les rares échantillons et reliques que leur

---

(1) B. I. Dup., 581, p. 17.

laissèrent le hasard des recherches ou la condescendance des délégués du Roi. Depuis, et plus récemment, des événements spoliateurs ont encore dispersé ces restes, aussi bien que les richesses accumulées à Nantouillet et à Varennes par chacune des générations issues de cette grande et glorieuse souche. Dieu soit loué de ce que quelques hommes éclairés, tout en dépouillant les héritiers directs de biens aussi notables, en ont sauvé et conservé une part dans les archives de l'Etat. Je les ai fouillées et exploitées et je mêlerai ensemble quelques-unes des richesses qui leur sont revenues, et quelques-unes de celles que mes pères ont sauvées. Toutefois, pour le moment, j'y laisserai intacts et inédits cette foule de brevets, de diplômes, de traités, de correspondances, qui furent l'honneur et la richesse de la famille et dans lesquels le dévouement de ses membres au Prince et au pays, se trouve aussi constamment prouvé que la faveur des souverains et l'amitié des grandes intelligences de chaque siècle s'y rencontrent invariablement tracées.

C'est dans cette mesure, selon la succession des temps et non selon le rang et la dignité des personnages ou selon l'ordre des matières, que vont suivre l'emprunt et la reproduction de quelques-unes des pièces qui furent ou qui sont encore soit dans les trésors publics, soit dans les archives de la Maison.

A MONSIEUR LE CHANCELIER DU PRAT.

Beauté de S. S. Léon X. — Magnificence des cérémonies religieuses. — Détail sur la Pragmatique. — Allusion aux démarches faites pour obtenir la couronne impériale d'Allemagne.

Oncques avez raison, Monsieur le Chancelier, d'être charmé du bon air et de la prestance de la sainteté de Léon X. On a tort de penser que les cérémonies ne contribuent point à la piété; moi, je suis d'avis contraire. Quand je vois le pape en ses habits pontificaux, je ne puis m'empêcher d'être frappé de cet éclat extérieur qui concilie à la religion je ne sais quelle grandeur particulière qui échappe à notre foiblesse. Si mon âme n'étoit pas tout à fait convaincue, les sens me conduiroient à la conviction. Mais, Monsieur, je n'ignore pas que Rome, qui obtient tout du temps et des circonstances, recherche notre prépondérance, et que déjà elle a su employer votre crédit près de moi afin de venir à bout du grand projet de l'abolition de la Pragmatique, c'est-à-dire la nomination aux annates qui avoit toujours appartenu à mes prédécesseurs; et le pape, qui ne donne jamais rien du sien, comme vous savez, y gagne les annates, ce qui lui fait un assez beau revenu. Quelque couleur qu'on veuille donner à cette prépondérance, qui doit coûter des sommes très-considérables à l'État, je ne puis donc en faire une apologie, car je crains que ce droit d'élection nous cause de l'embarras, et n'y consentirois que si le pape vouloit consentir lui-même à certaines considérations relatées dans ma missive qui est ci-incluse, et dont vous prie mettre sous ses yeux. Alors pourrions bien nous entendre. Sur ce, vous recommande, Monsieur le Chancelier, veillez bien attentivement, et prie Dieu de vous avoir en sa sainte garde. Ce 20ᵉ de juillet 1527 (1).

FRANÇOIS.

En marge de cette lettre, est écrit de la main du Chancelier :

« Cette lettre en accompagnoit une autre, par laquelle
» on voit le désir du roi d'être nommé empereur au lieu et
» place de Maximilien Iᵉʳ. Cette autre lettre étoit pour le
» pape, et lui ai remise. »

A. DUPRAT.

A MONSIEUR LE CHANCELIER DU PRAT.

Sur quelques rumeurs et scandales de cour.

Monsieur le Chancelier, soyez le bienvenu; j'ai besoin de vos conseils. Venez ce soir, après matines, pour nous entendre au sujet de la réprimande qu'il y auroit à donner au sieur Brisambourg, l'un de mes gentilshommes, qui s'est permis de dire que madame la duchesse d'Étampes et sa petite bande ne se contentent pas de manger de la chair crue en

---

(1) Original aux *Archives de la famille*.

carême, elles en mangent encore de cuite, et ce, leur benoit saoul. Il nous faut réprimander sévèrement tel langage, ne voulant que telles dames reçoivent pareille insulte à ma cour. Venez donc sans faute et nous entretiendrons aussi d'autre chose. Adieu. Ce XII mars (1).

François.

L'EMPEREUR CHARLES-QUINT AU ROI FRANÇOIS Ier.

Touchant une mission dont fut chargé près de lui le chancelier du Prat.

AU ROY DE FRANCE.

Monsieur mon bon frère, ces deux mots seront seulement pour ne laisser retourner monsieur le chancelier du Prat, sans vous donner à entendre tout ce qu'il a négocié pendant qu'il a été par deçà avec moi, et pour autant qu'il est le porteur, vous donner avis du bon office qu'il a fait en tout, sinon qu'il ne pouvoit être meilleur ni plus agréable à celui qui veut toujours demeurer votre bon frère, cousin et allié (2).

Charles.

4 de mai.

---

(1) Original aux *Archives de la famille*.
(2) Original aux *Archives de la famille*.

LE ROI FRANÇOIS Ier AU CARDINAL DE SENS, CHANCELIER.

Touchant la garde et tutelle des enfants de Madame de Rohan, attribuée
à la Reine de Navarre.

Écouen, 6 septembre 1522.

Monsieur le Cardinal, vous savez que par le décès de ma cousine de Rohan, ses deux petits-enfants, mes cousins, sont demeurés orphelins en bas âge, auxquels tant en faveur de la proximité de lignage dont ils me retiennent, qu'aussi pour la conservation de leur maison qui est des plus grandes et anciennes de mon royaume, je désire être promptement pourvu de garde et tuteur pour la conduite de leurs personnes et biens, et parce que leur mère connoissant très-bien qu'ils ne pourroient être mieux gardés, conduits et gouvernés que sous la main de ma sœur, la reine de Navarre, elle l'a très-instamment suppliée et requise par son testament de dernière volonté, comme sa bonne parente, vouloir, sous mon plaisir, prendre la garde de leurs personnes et biens.

Suivant laquelle requête, madite sœur, de mon vouloir et consentement, a libéralement accepté ladite charge et entends qu'elle l'ait et non autre ; mais parce que l'on m'a fait entendre que par la coutume de mon pays et duché de Bretagne, ladite garde doit être donnée par l'avis et consentement des principaux parents, à quoi Madame et le roi de Navarre mon frère se sont accordés de la personne sûre, j'écris présentement à ceux qui sont à Paris parents des deux enfants, afin qu'ils se trouvent incontinent vers vous pour faire le semblable.

Pourquoi je vous prie, Monsieur le Cardinal, que vous les fassiez assembler pour leur dire et déclarer mon vouloir et intention, et donner au surplus ordre promptement au fait des dépêches qui seront nécessaires pour ces affaires : car la longueur à ce que j'entends est fort préjudiciable auxdits enfants et vous me ferez plaisir.

Puisse Dieu, Monsieur le Cardinal, vous avoir en sa sainte garde !

Écrit à Écouen, le VIe jour de septembre 1529.

(Signé) FRANÇOIS.
(Contre-signé) BRETON.

(Au dos.) A Monsieur
le Cardinal de Sens, chancelier de France.

---

(1) B. I. *Collection Dupuy*, 485 et 486, 2e partie, f° 29.

LOUISE DE SAVOIE ET LE CHANCELIER DU PRAT.

Louise de Savoie fut l'artisan de la grande fortune d'Antoine du Prat, par la prédilection spéciale et constante dont elle l'honora. Elle le prit et le choisit jeune encore pour la conduite de ses intérêts particuliers. Elle l'avoit reçu des mains de Bertrand de Boulogne, comte d'Auvergne et de Clermont, qui connoissoit et qui aimoit Antoine-Henri du Prat, son père, et qui distinguoit, par l'heureuse expérience qu'il en avoit faite lui-même, les talents de son fils. Son mérite et son savoir avoient été presque mûrs dès leur fleur : ils acquirent une nouvelle évidence par les succès qui couronnèrent ses travaux; la Princesse, croissant en confiance à mesure qu'Antoine du Prat grandissoit en valeur, lui confia l'éducation de son fils : ce fut le point qui décida l'élévation de cette carrière, commencée sous le roi Charles VIII et que le roi Louis XII avoit déjà avancée dans ses parlements de Toulouse et de Paris. Il est hors de mon sujet d'en redire ici l'histoire, que j'ai écrite ailleurs, ou même d'en reproduire l'esquisse qui l'avoit précédée.

La Princesse et le Chancelier luttèrent ensemble et l'un pour l'autre de fidélité, celui-ci dans les services de son dévouement, et celle-là dans la conservation toujours croissante d'une faveur à toute épreuve. La vie d'Antoine du Prat n'en est qu'une longue continuation : et le deuil que, le 14 septembre 1532, il prit de sa mort lorsqu'elle n'avoit encore que 55 ans, dura jusqu'à ce que lui-même, âgé de 72 ans, expira le 9 juillet 1535.

Parmi les preuves multipliées et flatteuses de la haute bienveillance qu'elle accorda à ce premier ministre et premier sujet de son fils, je choisirai la lettre qu'elle écrivit aux chanoines du chapitre de Clermont, pour l'élection au siége de ce diocèse de Guillaume du Prat, fils du Chancelier. Bien qu'elle ne soit point adressée à Antoine du Prat lui-même, les termes dans lesquels elle est conçue, et la faveur insigne qu'elle a pour objet en font un des titres d'honneur et un des brevets de faveur les plus significatifs qu'il ait obtenus de cette royale princesse. Deux lettres de François Ier, l'une en date du 25 novembre, l'autre en date du 10 décembre 1520, avoient précédé la démarche de Louise de Savoie. Elles assurèrent au fils du Chancelier une élévation prématurée à l'épiscopat, élévation que justifièrent d'ailleurs son zèle pour la vérité catholique, pour la chaire de saint Pierre et pour les droits de son Eglise ; sa science, son éloquence et sa charité donnèrent raison au Roi et à la Régente dans la pression qu'ils avoient exercée sur le vote et le vœu du chapitre, et firent de la complaisance capitulaire un acte de hautes sagesse et raison. Cette élection, plutôt simulée que réelle, fut la dernière à laquelle il fut permis aux chapitres de France de vaquer. En vertu du concordat passé sous les auspices du Chancelier entre Léon X et François Ier, le Saint-Siége et la Couronne de France s'attribuèrent désormais le droit de s'entendre sur les choix épiscopaux, nonobstant les réclamations, les prétentions et les antécédents des Eglises.

LOUISE DE SAVOIE, DUCHESSE D'ANGOULÊME ET D'AUVERGNE, AU CHAPITRE DE LA CATHÉDRALE DE CLERMONT.

Elle leur recommande l'élection de Guillaume du Prat, comme Evêque, en remplacement de Thomas du Prat, son oncle, décédé.

Du 1er février 1529.

De par Madame, duchesse d'Angoulême
et d'Auvergne.

Chers et bien-aimés, le Roi, notre très-cher seigneur et fils, envoye devers vous notre ami et féal, M. Anthoine du Bourg, président de notre conseil, pour vous dire et faire entendre le désir, vouloir et affection que lui et nous avons à la postulation à votre futur pasteur, de notre très-cher et ami l'archidiacre de Rouen, fils de notre très-cher et grand ami le cardinal de Sens, chancelier de France et le nôtre. Les hauts services et mérite duquel sont, comme il est à chacun notoire, tant notables, vertueux et louables que lui et les siens sont plus que dignes de singulière et parfaite recommandation : et pour ce que vous admonester plus avant à chose tant affectée et privilégiée comme celle qui s'offre en cet endroit, nous semble que ferions tort à ce que généralement s'en peut, de vous attendre à notre commune intention, nous avons donné charge audit du Bourg, vous dire et exposer sur et aucunes choses de notre part dont vous prions le croire comme nous-mêmes. Et ce faisant et vous y démontrant comme en vous avons fiance, vous nous ferez plaisir et service très-agréable, et aurons de tant plus à cœur les affaires de vous et de votre dite Église en singulière recommandation. Priant Dieu qu'il vous ait en sa sainte garde. Donné à Paris, le 1er jour de février. Signé : LOUISE.

Au revers, on lit la suscription suivante :

A nos chers et bien-aimés les chanoines du chapitre de Clermont.

---

(1) Bibl. de la ville de Clermont, cath. Arm., IIe sac F. cote 4e, art. 3.

LA REINE DE NAVARRE

ET LE CHANCELIER DU PRAT.

Malgré quelques rivalités entre les ambitions du chancelier du Prat et la protection que la reine de Navarre daignoit accorder à d'autres intérêts, la bienveillance de la Princesse pour le ministre fut digne du crédit dont il jouissoit auprès du Roi son frère et de l'illustre régente sa mère. Les grandes affaires et les grandes calamités de l'Etat rencontrèrent toujours l'agissante Marguerite et l'ardent Chancelier d'accord pour leur conduite ou pour leur réparation. Le Roi s'en trouva bien pour la conclusion de sa délivrance, après qu'il eut été fait prisonnier à Pavie et retenu captif en Espagne.

Les désaccords qui éclatèrent entre eux furent transitoires et n'altérèrent point le fond du concert qu'ils apportoient ensemble aux urgentes et importantes affaires de l'Etat, comme à la protection que l'un et l'autre accordoient aux écrivains et aux lettres.

Un des plus sérieux conflits élevés entre la Reine et le Chancelier, surgit à l'occasion de l'évêché d'Alby, devenu vacant par la mort d'Aymar de Gouffier, son titulaire. Antoine du Prat le convoitoit pour lui-même, Marguerite de Valois le sollicitoit pour Gabriel de Gramont son protégé; les deux cardinaux amis entre eux, émules de dévouement pour l'Eglise et la patrie, rivaux cette fois d'ambition, luttoient de crédit et d'instances. L'archevêque de Sens l'emporta sur l'évêque de Tarbes, malgré la lettre en date du château de Blois, octobre 1529, que la reine de Navarre écrivit à ce sujet au Roi son frère (1).

A part quelques innocentes aigreurs et malices indiquées par deux lettres au sujet de *messire Chapelet Duprat,* dont la princesse semble tenir à faire un parent du ministre, ses autres relations avec le Chancelier sont empreintes du caractère de hautes bienveillance et confiance que lui témoignèrent toujours François Ier et Louise de Savoie.

MARGUERITE D'ANGOULÊME, DUCHESSE D'ALENÇON,
AU CHANCELIER DU PRAT.

Elle le félicite des pouvoirs que lui a conférés le Roi son frère.

Monseigneur le Chancelier, je reçois à l'instant votre missive qui m'a fait bien plaisir, et vous en remercie bien

---

(1) Marquis du Prat, *Vie d'Antoine du Prat, chancelier de France,* p. 332.

sincèrement. Je suis bien aise que le Roi mon frère vous ait chargé des affaires de son gouvernement pendant son absence. Il ne pouvoit les mettre en meilleures mains. Je vous félicite et l'en féliciterai à la prochaine missive que lui enverrai. Je ne sais encore bien si partirai d'ici pour Paris avant Pâques. Dans tous les cas, vous écrirai avant mon département d'ici, et vous recommande, Monseigneur le Chancelier, à la bonté du Seigneur notre Dieu pour qu'il vous ait en sa sainte garde et vous donne bonne et longue vie. Ce xxe jour du mois de février 1525 (1).

Votre très-humble servante,

MARGUERITE.

Cette lettre, écrite au début de la campagne d'Italie, précédoit de quelques jours seulement la funeste bataille de Pavie dont la date désastreuse est du 25 février 1525. Ce fut elle qui coûta à la France la captivité puis la rançon de son roi, celle aussi de tant de grands seigneurs pris à ses côtés, entre autres d'Anne de Montmorency, alors maréchal de France, et depuis connétable. Elle priva la patrie de ses plus illustres capitaines, morts en combattant. Parmi ceux-ci figurent Jacques de Chabannes, connu sous le nom de maréchal de la Palice, l'un des héros de la bataille de Marignan, de la journée de la Bicoque, du siége de

---

(1) Original aux *Archives de la Famille*.

Marseille, etc.; Guillaume Gouffier, sire de Bonnivet, amiral de France, illustre par ses exploits au siége de Gênes, à la journée des Éperons et en tant d'autres rencontres. Ce fut le 7 mars seulement que la nouvelle de ce grand désastre parvint à Paris et y répandit l'épouvante.

Le duc d'Alençon, beau-frère du Roi, époux de Marguerite d'Angoulême, fut le grand coupable de cette défaite, par la retraite qu'il fit sonner et par la fuite dont il donna l'exemple au lieu de porter secours, avec l'aile gauche encore intacte qu'il commandoit, au Roi dont la position et la fortune s'ébranloient sous l'effort des ennemis. Ce Prince n'ayant pas su se résoudre à mourir par un noble élan de courage et dans une dernière recherche de gloire, vint périr à Lyon des effets de sa honte et des suites de sa lâcheté. Les justes et publics reproches dont la Régente et Marguerite d'Angoulême accablèrent sa conduite, l'emportèrent dans l'autre monde, par les accès d'une fièvre que lui causa sa tardive et mortelle confusion. La duchesse d'Alençon demeura veuve sans regrets et sans enfants, à l'âge de 32 ans, et après seize ans de mariage. C'étoit en avril 1525. Ce fut dès 1527 qu'elle épousa Henri d'Albret, roi de Navarre, dont elle eut Jeanne d'Albret, mère du roi Henri IV.

A la date de cette lettre, Marguerite d'Angoulême se trouvoit à Lyon, aussi bien que Louise de Savoie sa mère, duchesse d'Angoulême et régente. Ce titre suprême, digne du rang et de l'intelligence de cette grande princesse, n'excluoit point le chancelier du Prat de la *charge du gouvernement pendant l'absence du Roi* dont le félicite Marguerite d'Angoulême. Il étoit le guide de la Régente, le chef de son conseil, le premier ministre et le chancelier de l'Etat, l'âme des déterminations qu'il convenoit de prendre en toute circonstance.

MARGUERITE D'ANGOULÊME, DUCHESSE D'ALENÇON, AU CHANCELIER DU PRAT.

Elle lui expose les clauses du traité imposées par l'empereur Charles-Quint.

Monseigneur le Chancelier, ce porteur vous remettra une missive secrète du Roi mon bon frère. Voici copie du projet ou traité de paix que l'on m'a remis et que je soumets à votre discernement :

Il y aura paix et amitié perpétuelles entre l'Empereur et le Roi et de plus une ligue offensive contre leurs ennemis communs, et défensive contre ceux qui attaqueroient leurs États ;

Que le Roi de France (mon frère) épousera madame Éléonore, sœur de l'Empereur, reine douairière de Portugal, à laquelle sera constituée en dot la somme de 200,000 francs, avec les bagues et joyaux et ornements, selon sa qualité ;

Que le Roi sera mis en liberté le 10 du mois prochain, à la charge qu'au même temps qu'il passera en France, monseigneur François Dauphin et son frère Henri, duc d'Orléans, ses deux fils aînés, seront conduits en Espagne, ou, à la place du duc d'Orléans, douze seigneurs de France, au choix de l'Empereur, pour y demeurer en otage jusqu'à ce que le traité soit ratifié par les États de France et effectué par le Roi ;

Que dans six semaines, à compter du jour de la délivrance du Roi, S. M. livrera à l'Empereur le duché de Bourgogne avec toutes ses appartenances, dépendances et tout ce qu'il tient de la Franche-Comté, sans réserve de ressort et hommages ;

Que le Roi renoncera, en faveur de l'Empereur, à toutes ses prétentions sur le royaume de Naples, le duché de Milan, la seigneurie de Gênes, le comté d'Apt, Arras, Tournay, et à tout ressort de souveraineté qu'il pourroit prétendre, sur les comtés de Flandres et d'Artois ;

Que l'Empereur, de sa part, renonceroit à tous ses droits sur les châtellenies de Péronne, Roys, Montdidier, et autres villes assises sur la rivière de Somme ;

Que le Roi ratifieroit le présent traité dans la première ville de son royaume où il logeroit au sortir d'Espagne, et qu'il seroit tenu de le faire ratifier au Dauphin quand il sera parvenu à l'âge de quinze ans.

Voilà le projet qui m'a été remis de la part de l'Empereur et qui, comme vous voyez, est tout à son avantage ; mais le grand point est que mon frère soit libre. Adieu (1).

MARGUERITE.

Le 8 janvier 1526.

Marguerite d'Angoulême revenoit alors du pénible voyage qu'elle avoit accompli en Espagne pour la délivrance du Roi son frère, dès le mois d'août de l'année qui commença sa captivité. Elle en rapportoit les dures conditions qu'elle exprime, et qu'elle analyse avec plus de détails intimes à Jean de Brinon, premier président au Parlement de Rouen, chancelier d'Alençon, le confident de ses peines et le conseiller de sa politique. Dès le 20 novembre, rendue à Alcala après avoir quitté le Roi son frère pour revenir en France, elle écrivit à M. le maréchal de Montmorency, et ses étapes à Guadalaxara, à Siguenza, à Medina-Celi, à Mont-Réal, à Bovierque, se trouvent incontestablement affirmées par les dates de sa correspondance avec ce noble compagnon de la captivité royale. Le 10 décembre 1525, la princesse étoit encore à Cervera, petite ville espagnole non loin de Perpignan. Le 11, elle avoit franchi la frontière et se trouvoit à Salses, hors des atteintes et des tribulations personnelles dont

---

(1) Original aux *Archives de la famille*.

elle pouvoit être l'objet de la part d'un souverain qui avoit été moins son hôte que son ennemi. Le 25 décembre, elle fêtoit la Noël à Narbonne, n'accordant à sa dévotion que ce jour de loisir, et à sa fatigue que vingt-quatre heures de repos. C'est en cheminant de cette ville en Dauphiné, où elle étoit rendue le 14 janvier 1526, qu'elle adresse la lettre précédente au chancelier du Prat, disposée à rejoindre au plus tôt Louise de Savoie sa mère qui, par réciprocité d'empressement, s'étoit avancée de Lyon jusqu'en cette province à sa rencontre.

MARGUERITE D'ANGOULÊME, DUCHESSE D'ALENÇON, DEVENUE REINE DE NAVARRE, AU CHANCELIER DU PRAT.

Vers 1534.

Touchant le procès du comte de Dreux.

Monseigneur le Chancelier, vous savez comme le procès du comte de Dreux est sur le bureau, où il est en voie de durer longtemps, pour les interruptions y survenant, au moyen des plaidoyers, et pour ce que, outre la grande longueur qui est fâcheuse à chacune des parties par telles discontinuations, la mémoire des jugeants quelquefois s'égare et ne voit les choses si bien entendues. Aussi que j'ai su comme, sans les présidents et conseillers qui sont du jugement dudit procès, il y en a pour cette heure en sa cour du Parlement assez pour fournir toutes les chambres en nombre pour y faire arrêt, je voudrois bien supplier au Roi que son bon plaisir fût ordonner et commander à sadite cour que l'on vaque au jugement dudit procès de Dreux, sans interruption ou discontinuation aucune, et que, pour ce faire, aux jours des plaidoiries, les juges dudit procès se retirent et y vaquent en la chambre Saint-Louis. Car, par tel moyen, lesdites plaidoiries ne cesseront, et n'y aura aucune chambre oisive. A cette cause, je vous prie bien affectueusement, Monseigneur le Chancelier, de parler à mondit Seigneur et lui faire bien entendre madite requête, selon que le roi de Navarre et moi avons en vous entière confiance, et vous obligerez, en ce faisant, ledit roi de Navarre et moi à vous faire tout le plaisir que nous pourrons, d'aussi bon cœur que je prie Dieu, Monseigneur le Chancelier, qu'il vous ait en sa très-sainte garde. A Paris, le xie jour de février.

La plus que toute votre bonne amie,

MARGUERITE.

Au dos :
A Monseigneur le Chancelier.

---

(1) Arch. Imp., sect. hist. J. 965, 24.

MARGUERITE D'ANGOULÊME, DUCHESSE D'ALENÇON,
AU CHANCELIER DU PRAT.

Elle le questionne sur l'existence de Chapelet du Prat.

Monseigneur le Chancelier, j'ai trouvé en l'œuvre de Jean Boccacio, le poëte florentin, une nouvelle en laquelle figure messire Chapelet du Prat qui, après sa mort, fut appelé saint Chapelet. Auriez-vous sur cette personne portant votre nom quelques données, car pour mon contentement j'aime savoir l'origine de toute chose, et me plaira à vous en savoir gré si pouvez me fournir quelques renseignements sur ce sujet. Me recommande à vos bonnes grâces et prie Dieu vous avoir en sa sainte garde. Le xve mai 1526 (1).

MARGUERITE.

MARGUERITE D'ANGOULÊME, DUCHESSE D'ALENÇON,
DEVENUE REINE DE NAVARRE, A ANTOINE LE MAÇON.

Elle lui demande un exemplaire de sa traduction de Boccace.

Je vous prie, Monsieur, m'envoyer la traduction de la première nouvelle se trouvant au roman de Boccacio le

---

(1) Original aux *Archives de la famille*.

Florentin, concernant messire Chapelet du Prat, considéré en son vivant comme méchant et qui, après sa mort, fut réputé saint sous l'invocation de saint Chapelet. J'ai besoin de cette traduction le plus tôt possible. Vous prie donc vous en occuper sitôt pourrez et me ferez plaisir. Vous salue (1).

MARGUERITE.

Ce 10 mai 1538.

A Monsieur le Maçon.

Aucune note ne m'a remis sur les traces de messire Chapelet du Prat, et l'intérêt qu'il inspire à la reine de Navarre me semble puisé dans la raillerie d'un esprit quelquefois défavorable au chancelier du Prat, plus que dans la docte curiosité dont elle fait ici l'aveu et l'étalage. Malgré certaines généalogies manuscrites qui donnent à messire du Prat la Toscane pour origine (2), avant l'Auvergne qu'ils aiment à considérer comme leur berceau, rien ne justifie le lien que la princesse cherche à établir entre leur maison et l'aventurier du conte. Ce n'est point d'Italie d'ailleurs, mais de Paris que l'auteur fait venir à Dijon son comique héros. Je ne raconterai point sa vie et je ne

---

(1) Original aux *Archives de la famille.*
(2) Marquis du Prat, *Vie d'Antoine du Prat*, etc., 1 vol. in-8°, Paris, 1857, p. 4. — Marquis du Prat, *Généalogie historique, anecdotique, etc., de la maison du Prat*, p. 16.

ferai guère son portrait, laissant à Boccace, qui s'entend en récit, en style et en scandales, le soin de dire avec sa grâce d'invention quels furent ses principaux traits. Chapelet étoit bien au-dessus des plus libertins en incontinence, mais au-dessous des plus bossus et des plus nains en petitesse et en difformité, bien avant les plus hypocrites par l'habileté de ses feintes, et bien loin des plus âpres au commerce par les traits de son avidité. Notaire à Paris, il vint mourir en Bourgogne, chez des usuriers, qu'il dépassoit de mille lieues en malice et en talent.

C'est à madame Pamphile, sous le gouvernement de madame Pampinée, que Jean Boccace fait raconter, en son Décaméron, pour première nouvelle de sa première journée, l'histoire de Chapelet du Prat. Il lui donne pour titre : *Messire Chapelet du Prat trompa par une sienne fausse confession un saint homme religieux et puis mourut ; et ayant esté durant sa vie un bien méchant homme, à sa mort fut réputé un saint, et appelé saint Chapelet.*

Qui voudra lire cette nouvelle, plus gaie pour la curieuse reine de Navarre qu'elle n'étoit importante au chancelier du Prat et à sa maison, pourra s'en donner le plaisir dans l'œuvre de Boccace. J'en extrais seulement la gracieuse, judicieuse et édifiante conclusion : « Ainsi, dit l'auteur, mourut maître Chapelet » du Prat, qui devint saint comme vous avez ouï ; le-

» quel je ne veux nier être possible qu'il ne soit bien
» heureux en la présence de Dieu, parce que combien
» que sa vie ait été mauvaise et méchante et capable
» d'encourir l'indignation de Dieu, il peut avoir eu
» sur l'extrémité telle contrition que, par aventure,
» Notre Seigneur a eu miséricorde de lui. Mais pour
» ce que ceci est inconnu, j'en parle selon ce qui peut
» apparoir, et dis que celui-ci doit plutôt être entre
» les mains du diable en perdition qu'en paradis, et
» si ainsi la bénignité de Dieu se peut connoître très-
» grande envers nous, laquelle ne regardant à notre
» erreur, mais à l'intégrité de notre foi, prenant pour
» notre médiateur un sien ennemi, il exauce nos
» prières comme si nous recourions à un véritable
» saint, et par ainsi afin que soyons par sa grâce gardés
» sains et saufs en présentes adversités et en cette si
» joyeuse compagnie, louant toujours son nom auquel
» nous avons commencé, et l'ayant en révérence nous
» nous recommanderons à lui en toutes nos nécessités
» passées avec assurance que nous serons ouïs, et ici
» se tut. »

Antoine le Maçon, vivant au XVIᵉ siècle, n'est point le premier interprète de Jean Boccace, mais il est demeuré le plus naïf, le plus aimable et le plus élégant traducteur de son Décaméron : sa première édition parut en 1545, et c'est d'elle que le roi François Iᵉʳ possédoit un bel exemplaire in-folio. La Bibliothèque impériale le conserve.

Le Maçon dédia sa traduction à Marguerite de Valois, et c'est sept ans avant qu'elle fût publiée, onze ans avant que la mort vînt frapper la reine de Navarre, en 1519, que cette princesse, fidèle à ses préoccupations, interrogeoit le traducteur sur ses contes, dont elle devoit commettre dans son Heptaméron une imitation licencieuse.

Antoine le Maçon, que Pasquier, en ses recherches historiques, a quelquefois nommé Jean, et que des biographies ont appelé Antoine-Jean, pour accommoder ensemble l'erreur et la vérité, étoit Dauphinois. Il avoit été homme de plume, homme de robe, homme de finances, par sa double qualité de conseiller du Roi et de trésorier des guerres. Son admiration et sa fidélité pour Marguerite de Valois le rendirent homme de lettres. Il s'attacha à cette princesse aux dépens de ses charges qu'il quitta ; il la suivit en Béarn, et ce fut à son instigation qu'il traduisit le Décaméron de Boccace. Il rendit en françois la licence et quelquefois l'impiété du texte original : mais les éditions suivantes atténuèrent ou même retranchèrent le dernier et le plus coupable de ces défauts. « La langue françoise n'est pas peu redevable à le Maçon, » a dit de lui Estienne Pasquier en ses recherches historiques. Quelques critiques l'ont jugé plus sévèrement et n'accordent pas à son style le progrès dont il porte cependant le cachet. On a de le Maçon, en vers françois, les amours de Phydie et de Gelasine, qu'il appelle autrement Erotasme. C'est à peu près tout ce qui nous est transmis sur l'existence et les travaux d'Antoine le Maçon, auquel sa place dans l'estime de Marguerite de Valois, et dans le progrès de la langue et des lettres, méritoit un rang plus considérable dans la biographie. C'est en fort peu de lignes que la Croix du Maine a satisfoit au devoir de consacrer sa mémoire.

LE CHANCELIER DU PRAT ET RABELAIS.

Il seroit téméraire de prétendre écrire une vie de Rabelais après tout ce que l'histoire et la biographie nous ont appris sur son compte, après surtout ce qu'en a dit le savant bibliophile Jacob, en donnant l'édition de ses œuvres. Ces lignes sont donc un simple préambule destiné à annoncer la lettre qui va suivre ; elles ne sont point une recherche, pas un travail sur cette existence trop révélée dans sa partie publique, trop étudiée et trop sondée dans sa partie privée, pour qu'il me soit permis de rien découvrir, là où plus érudits que moi n'ont point eu la chance de dissiper les ténèbres ou de concilier leurs désaccords.

L'un des besoins et l'une des difficultés que rencontra Rabelais dans les nécessités de sa vie, furent d'allier en sa personne la faveur de la maison de Lorraine, avec celle de la maison de Chatillon, rivales entre elles et successivement influentes à la cour. Il eut le talent d'y parvenir : et tout en étant à Meudon le bienvenu auprès « des bons et pieux paroissiens qu'il avoit dans » la personne de M. et Mme de Guise, » il ne négligeoit point la faveur de M. le cardinal de Chatillon qui daignoit accepter la dédicace d'un de ses livres.

La lettre suivante établit les circonstances et la date auxquelles remonte le crédit dont Rabelais jouit auprès du chancelier du Prat ; ce grand magistrat, ministre et prélat, après le plaisir qu'il avoit reçu de ses entretiens, en prit un tel à la lecture de ses œuvres, que son Pantagruel et son Gargantua ne quittoient sa poche et son bureau, disent quelques auteurs, que pour passer en ses mains et revenir sous ses yeux. Si cette préférence n'étoit point un gage de la réserve de ses pensées, elle étoit une preuve de la distinction de son esprit.

L'intérêt et la curiosité de la lettre suivante consistent encore en ce qu'elle infirme d'une façon positive le démenti qu'Astruc et autres auteurs, trop sévères en leurs contestations et critiques, donnoient à l'événement qu'elle retrace fidèlement, et à la juste interprétation que mérite l'allusion que Rabelais fait sur lui dans sa vie de Gargantua et de Pantagruel.

Rabelais mourut vers l'an 1553, âgé d'environ 58 ans. Il avoit possédé, soit comme titulaire, soit comme bénéficiaire, la cure de Saint-Martin de Meudon, au diocèse de Paris, et celle de Saint-Christophe du Jambet, au diocèse du Mans (1), ce dont peut-être

---

(1) *Nouvelle biographie générale*, publiée par M. Firmin Didot, t. 41, p. 400.

le Maine ne se souvient pas assez pour la gloire de la province et pour l'honneur du lieu, qui eurent quelques moments du moins un lien d'adoption avec l'illustre prosateur.

Colletet nous apprend que Rabelais mourut à Paris, qu'il y fut enterré, etc.; et Jacques Fay d'Epesse nous affirme, ce qui importe plus encore, qu'il mourut dans le sein de l'Eglise, ayant fait amende honorable et reçu l'absolution de tout ce qui, dans sa vie, dans ses écrits, dans ses dires, avoit pu offenser son caractère ou ses mœurs; quant à ceux-ci, malgré ses allures libertines, « jamais il ne permit qu'aucune femme entrât dans » son presbytère de Meudon; » et, quant à sa foi, malgré ses velléités indépendantes, « il ne laissoit pas, » dit Colletet, de déférer merveilleusement aux saintes » constitutions de l'Eglise catholique et orthodoxe, qu'il » reconnut toujours pour sa véritable mère. » Et plus loin : « Il est certain que, sur la fin de ses jours, ren- » trant en soi-même, reconnaissant ses péchés et ayant » recours à l'infinie miséricorde de Dieu, il rendit » l'esprit en fidèle chrétien (1). »

Cela rend donc confessés et pardonnés, s'ils furent jamais commis, les péchés qu'un manuscrit conservé dans mes archives de famille dénonce en ces termes :

---

(1) *Nouvelle biographie générale*, publiée par M. Firmin Didot, t. 41, p. 400.

« C'est dans le cimetière de l'église de Saint-Paul
» que le célèbre Rabelais est enterré : sa vie n'a été
» qu'une comédie continuelle, tant il a joué de per-
» sonnages différents. Il fut d'abord cordelier et passa
» après dans l'ordre de Saint-Benoît. Ensuite il étudia
» en médecine à Montpellier, où il fut reçu docteur ;
» on y garde encore sa robe, dont on revêt ceux qui se
» font recevoir de cette faculté. Il devint médecin du
» cardinal de Bellay, évêque de Paris. Il accompagna
» dans son voyage de Rome ce prélat, qui à son retour
» lui donna une prébende à Saint-Maur-des-Fossés, et
» la cure de Meudon. Ce fut environ dans ce temps-là
» qu'il écrivit sa satire comique trop licencieuse et si
» pleine de railleries des choses saintes et des moines.
» Rabelais possédoit plusieurs langues, il savoit encore
» même la polyphagie, c'est-à-dire que s'il mangeoit
» bien, il buvoit encore plus. Il mourut comme il avoit
» vécu, en raillant, et fit son testament en ces termes :
» Je dois beaucoup, je n'ai rien vaillant : je donne le
» reste aux pauvres. » Si cette bouffonnerie plus que
profane et presque sacrilége sur laquelle mon manuscrit bâtit le triste échafaudage d'une mort *en se raillant*, est jamais sortie de la plume de Rabelais, il est
évident que sa date a de beaucoup devancé celle de sa
mort. Les témoignages de Colletet et ceux de Jacques
Fay d'Epesse, dont le père, ainsi qu'il le raconte lui-
même, « étoit un des grands amis de ce docte défunt, »
en sont la preuve rassurante et assurée. L'histoire en

doit faire cas, et la conscience publique en doit prendre note.

FRANÇOIS RABELAIS A MONSEIGNEUR DE CHASTILLON.

Il lui raconte par quel artifice il a obtenu audience du chancelier du Prat (1).

Ce 20 mai 1549.

Monseigneur, je veux vous conter ce que déjà j'ai conté à un mien ami : comment il a fallu m'y prendre pour m'introduire chez monseigneur le chancelier du Prat. Car il n'est pas toujours commode d'entrer chez un seigneur. Du reste, c'est avec raison, car si les grands seigneurs comme est monseigneur le chancelier recevoient, je veux dire laissoient leur porte ouverte à tout venant, bientôt ne seroient plus en sûreté dans leur cabinet. Car il y a tant de faquins et d'importuns dans ce monde, et à Paris plus qu'ailleurs, qui l'iroient affronter jusque sur son lit de repos. Bref, les personnes de distinction seroient accablées de persécuteurs, si elles ne prenoient des précautions pour se mettre à l'abri. Mais j'arrive à mon fait. Vous savez qu'en un des livres des faits et dits du géant Gargantua, je ne sais plus bien en quel

---

(1) Original aux *Archives de la famille*.

chapitre (1), la connaissance entre Pantagruel et Panurge commence par une requête en quantité de langues différentes. Il y a du bas-breton, de l'hébreu, de l'arabe, du danois, de l'allemand, du hollandois, de l'anglois, du latin, du grec, etc., etc. Eh bien, je suis moi-même l'original de cette aventure. Voici comment. Je n'étois pas connu quand cette aventure m'arriva. Si je l'eusse été comme maintenant, mon nom seul m'eût servi d'introducteur. C'étoit lorsque j'arrivois de Montpellier à Paris pour solliciter le rétablissement des priviléges de l'École de médecine de la première de ces villes, je veux dire de Montpellier, car cette ville s'étoit attiré la haine du chancelier du Prat par des raisons qu'il seroit trop long de vous raconter ici (2). Le Chancelier vou-

---

(1) *La vie de Gargantua et de Pantagruel*, l. II, chap. 9. Comment Pantagruel trouva Panurge, lequel il aima toute sa vie.

(2) Je n'entreprendrai pas davantage d'en trouver et d'en révéler les motifs. Le savant bibliophile Jacob dit, dans la *Notice historique sur la vie et les ouvrages de François Rabelais*, qu'il a mise en tête de l'édition qu'il a donnée de ses œuvres : « Le Chancelier avoit porté atteinte à quelques-uns des pri-
» viléges de la Faculté de médecine de Montpellier, sans doute pour satis-
» faire les prétentions rivales de la Faculté de Paris ; de plus il s'opposoit à
» la réouverture du collége de Gironne, qui avoit été fermé par suite des
» guerres de Louis XI et de Charles VIII contre le roi d'Aragon, et il vou-
» loit enlever à l'Université les bâtiments et les revenus de ce collége
» abandonné..... » Il y auroit une grande témérité à chercher rien de plus que ces raisons, et ce seroit une rare merveille que de trouver d'autres motifs après l'infatigable et érudit travailleur, auquel sont empruntées ces lignes : je n'expliquerai donc pas les *raisons qu'il seroit trop long d'exposer ici* autrement que par les jalousies de Faculté contre Faculté, et par les mauvais offices de l'Université de Paris contre celle de Montpellier.

Le bibliophile Jacob a fidèlement rapporté la scène ingénieuse et comique

lant s'en venger, fit donner un arrêt portant suppression du privilége de la Faculté de médecine en cette ville de Montpellier. La faveur où j'étois auprès du cardinal du Bellay, et celle où il étoit lui-même auprès du roi firent tomber sur ma personne le choix que l'on vouloit faire d'un homme qui allât en cour solliciter la révocation de cet arrêt. Je partis donc, en qualité de député, et j'arrivai à Paris dans l'espérance que, si je pouvois aborder monseigneur le chancelier du Prat, j'en ferois un ami de la Faculté qui m'envoyoit. La difficulté ne consistoit pas tant à le persuader qu'à lui parler. On refusoit la porte à tant de personnes qui avoient l'air sage, que je m'imaginai faire mieux mes affaires par le personnage de fou. Je choisis donc ce parti et m'en trouvai fort bien. Je pris une robe verte, avec une grande barbe grise ; et, faisant des gestes conformes à l'habillement que je portois, je me promenai longtemps en long et en large devant la porte du Chancelier, qui logeoit alors sur le quai des Augustins. Une foule s'assembla autour de moi en un instant, et les domestiques du Chancelier vinrent comme les autres. On me demanda qui j'étois. Je répondis que j'étois l'écorcheur de veaux, que ceux qui vouloient être écorchés les premiers se dépêchassent. Le Chancelier, à qui sans doute on porta cet entretien, y entrevit quelque chose de mystérieux, et comme je ne partois point de devant

---

racontée ci-dessus en abrégé par Rabelais lui-même, à la page XVI de sa *Notice historique*, déjà citée. Les manuscrits de Dupuy, l'abbé Pérau, dans son édition de Rabelais et dans les *Mémoires de Nicéron*, sont les autorités dans lesquelles il a puisé ses détails, et qu'il oppose puissamment à Astruc et autres contradicteurs de l'événement.

sa porte, commanda à ses gens de me faire entrer à l'heure de son dîner, dans l'espérance que je lui donnerois sans doute une agréable comédie. Mais, au lieu des bouffonneries que mon équipage lui promettoit, je lui fis une harangue pleine de raison, si pressante et si vive que le bon Chancelier en fut touché, m'ordonna de me mettre à table et de dîner avec lui, et me fit confirmer les priviléges dont il s'agissoit. Cette aventure m'a appris que la sagesse et la folie ne valent rien séparément, mais qu'un mélange raisonnable de folie et de sagesse, pourvu que la dose de l'une et de l'autre ne soit pas trop forte, fait toujours merveilles. Si j'eusse commencé en homme sage, je serois resté longtemps sans avoir audience, et si j'eusse continué en fou, je n'eusse pu profiter de cette audience. Sur ce, Monseigneur, prie Dieu de vous donner bonne vie et longue.

Fr. Rabelais.

GUILLAUME DU PRAT, ÉVÊQUE DE CLERMONT,

A ANTOINE DU PRAT, IVe DU NOM,

PRÉVOT DE PARIS, SEIGNEUR DE NANTOUILLET,

BARON DE THOURY, SON FRÈRE.

Des biographies brèves et rares, toujours incomplètes et souvent injustes ont été écrites sur le compte de Guillaume du Prat, évêque de Clermont. Des romans, des pamphlets et l'histoire elle-même, se sont emparés au passage de sa personne. Ils ont attaqué ses mœurs pures par des amours adultères, sa naissance légitime par une origine bâtarde, et sa personne elle-même par des anecdotes ridicules dont il fut innocent. Ses grands torts furent sa beauté physique, son hostilité toujours compatissante mais toujours ardente contre les envahissements du protestantisme ; l'introduction des Jésuites en France amenée par ses soins, et la sollicitude qu'il mit à les établir, consolider et enrichir, tant à Paris qu'en Auvergne. La philosophie et l'hérésie ne lui pardonnèrent jamais ces traits, pas plus que son concours efficace au concile de Trente, et que les biens considérables et nombreux qu'il fit aux Minimes de Beauregard, à toutes les Clarisses de France, aux Jacobins, Cordèliers et Carmes des environs; passe encore aux yeux de ses détracteurs l'extension des lumières qu'il favorisoit par dix-huit bourses fondées au collége de Billom, six autres au collége de Clermont, aujourd'hui collége Louis-le-Grand, à Paris, et par les aumônes dont il gratifia l'Hôtel-Dieu de la capitale, l'hôpital de sa ville épiscopale, et tant d'autres lieux où se réfugient le pauvre, le malade et l'ignorant.

Ces dons, distribués par ses mains, ou destinés après sa mort, demandoient et méritoient grâce pour une aussi pure existence, à laquelle manqua la justice de la renommée. Je ne la lui restituerai point aujourd'hui, l'étendue du lieu manquant au nombre de ses vertus et à la quantité de ses bienfaits.

M. Savaron, dans ses *Origines de la ville de Clermont*, la *Défense de feu M. Savaron*, par M. Guillaume Majour, prêtre docteur de Sorbonne; l'*Apologie des chanoines de la cathédrale de Clermont*, par le même; enfin la *Réfutation de l'imposture de M. l'abbé Faydit*, informeront qui voudra les lire de la piété, de l'érudition, des travaux et du zèle de Guillaume du Prat. Ces traités rendront à sa barbe, sans lui rien enlever de sa magnificence, toute la modestie, la tranquillité et la légitimité qu'il a semblé bon à la critique de lui disputer. Il ne restera d'elle après cette étude que sa réalité, sa beauté et son droit d'existence.

Ce fut en 1507 que naquit Guillaume du Prat. Il étoit second fils et troisième enfant d'Antoine du Prat, seigneur de Nantouillet, baron de Thiers et de Thoury, chancelier de France, etc., et de Françoise de Veyny-d'Arbouze, qu'il perdit le 19 août de la même année 1507, peu de temps après qu'il eut vu le jour.

Antoine du Prat, quatrième du nom, seigneur de Nantouillet et de Précy, baron de Thiers et de Thoury sur Allier, est le frère aîné auquel s'adressent les lettres qui suivent.

Géraude du Prat étoit sa sœur; elle épousa en premières noces Guillaume de Rouvroy-Saint-Simon, seigneur de Rasse, etc., et en secondes René d'Arpajon, seigneur de Sévérac. Elle eut de l'un et de l'autre lit une postérité qui n'importe point au plan de cette biographie et qui n'entre pas dans son cadre.

Avant de briller par leurs talents, Antoine et Guillaume du Prat brillèrent par leurs études; séparés l'un de l'autre selon les exigences diverses de leur destination et de leur carrière, ils furent unis l'un à l'autre par les hommages que reçurent fraternellement les prémices de leur enfance et les promesses de leur jeune virilité. Jean de Pins, évêque de Rieux, célèbre par sa naissance, ses vertus, ses talents, ses ambassades, leur adressa quelques-uns de ses écrits, en date de Venise, où il représentoit alors le Roi très-chrétien près de la sérénissime république. La dédicace de l'un d'entre eux étoit en ces termes : *Nobilibus et egregiis adoles-*

centibus, Antonio et Guielmo Pratis, illustrissimi viri Antonii Prati magni Galliarum cancellarii dulcissimis liberis, Joannes Pinus Tolosanus. S. D.

Guillaume du Prat, successivement abbé de Saint-Jean de Mauzac, chanoine et grand archidiacre de Rouen, prieur de Saint-Pierre de Ruel en Brie, diocèse de Meaux, et de Saint-Arnould de Crespy-en-Valois, diocèse de Senlis, fut élu évêque de Clermont, le 16 février 1528. Il avoit alors vingt-deux ans. Il ne prit possession de son siége que sept ans plus tard, le 2 janvier 1535. Le roi François Ier, Louise de Savoie, sa mère, le chancelier du Prat prêtèrent à cette élection l'appui de leurs instances et de leur crédit. Elle fut la dernière de ce siége et la dernière peut-être en France, le Concordat ayant attribué au Roi la nomination et au Pape l'investiture des évêchés. Mais la jeunesse de Guillaume fut une raison pour laquelle le Souverain voulut que le vœu de sa faveur et de son autorité fût dissimulé sous le choix au moins apparent du chapitre.

Guillaume du Prat remplaçoit sur ce siége Thomas du Prat, son oncle, abbé de Candail et de Mauzac, docteur en droit, conseiller du Roi, lequel chanoine de la cathédrale de Clermont vers l'an 1512, en avoit occupé le siége le 25 mars 1517, et l'avoit pendant plus de onze années, rempli et orné par ses travaux, ses institutions, sa science et ses vertus. Il avoit aimé les pauvres, les savants, les fêtes et les pompes de l'Eglise ; recherché pour lui la médiocrité et l'humilité, à tel point que, mourant le 19 novembre 1528, à Modène, où, par ordre du Roi, il accompagnoit Renée de France, duchesse de Ferrare, il voulut que la simple lanterne de l'indigent éclairât son convoi.

Le 5 mai 1534, Guillaume du Prat avoit pris possession du siége de Meaux pour le Cardinal légat son père. Peu après, en juillet 1535, ainsi qu'Antoine du Prat, son frère, il accompagnoit les restes du Cardinal légat et chancelier, dans sa ville archiépiscopale et dans son église métropolitaine de Sens.

Le clergé de son diocèse et la défense de la foi catholique dans ses limites, durent au zèle et à l'érudition de Guillaume du Prat des règlements distingués et des efforts nombreux.

En 1546, député par le Roi très-chrétien au concile de Trente, il assistoit aux sept premières sessions tenues sous le pontificat de Paul III. Sa religion, sa science et son éloquence y brilloient d'un pur et lumineux éclat. Le 5 des ides de janvier 1546, il prononçoit en présence des Pères un mémorable discours, *De residentia prœlatorum*. Enfin, en 1550, le concile ayant été repris après une suspension, le roi Henri II y députa de nouveau l'évêque de Clermont.

C'est à la première de ces deux époques que se rattache la majeure partie de la correspondance dont je fais ici la publication. Elle est moins relative aux affaires de l'Église et aux choses du temps, qu'aux circonstances intimes et particulières du personnage, écrivant en toute liberté et familiarité au frère dont il s'éloignoit. Aussi, ne sont-ce point des documents importants que je prétends offrir à l'histoire, mais seulement des titres et des souvenirs précieux que je consacre à la famille.

Jean Savaron, sieur de Villars, conseiller du Roi, etc., écrivant les *Origines de Clermont, ville capitale d'Auvergne*, qu'il dédioit en 1607 à Monseigneur le Dauphin, s'est particulièrement complu dans l'histoire des quatre-vingt-trois évêques que ce siége comptoit alors. *Personnes illustres*, dit-il, dont la *probité, sainteté, grandeur rehaussent cette ville. C'est pourquoi je me suis un peu étendu à écrire leurs vies et gestes, qui mériteroient un style plus relevé que le mien.*

Mais, entre eux tous, sans vouloir en tirer ici un sujet de préférence et de supériorité, l'éminent auteur s'est arrêté, dans ses notices sur Guillaume du Prat, avec une complaisance plus marquée ; il lui donne la plus large place en cet important chapitre, tout en omettant les souvenirs de son enfance et les caractères d'éloquence de son talent, en abrégeant les épisodes de son existence et les actes politiques et administratifs de sa carrière. Parmi ces derniers devroit figurer la lutte animée dans laquelle il succomba, mais qu'il soutint contre Catherine de Médicis pour conserver à son évêché la seigneurie de la ville et comté de Clermont, qu'il possédoit sans conteste depuis l'an 1202. La Reine en obtint le retour après plus de trois cents ans d'abandon et d'indifférence de ses ancêtres, sur l'acte par lequel Guy ou Guyot, comte d'Auvergne, les cédoit à Robert de la Tour, son frère, évêque de Clermont.

C'est par le seul côté de ses charités et munificences que Savaron a pris et traité les vertus de Guillaume du Prat, et voici avec brièveté la façon dont il leur rend hommage. Ces quelques lignes fidèlement transcrites suffiront pour indiquer quelle fut sa mort, pour honorer son dernier soupir et pour le célébrer au delà du tombeau.

« Ce fut de l'assemblée de Trente à laquelle il assista,
» que Guillaume du Prat fit venir les Jésuites en
» France. Il construisit et bâtit pour eux les colléges
» de Paris, de Billom et de Mauriac. Il donna pour bâ-
» tir celui de Billom dix mille livres d'un côté, et cinq
» mille livres de supplément de l'autre, et pour la do-
» tation dudit collége douze cents livres tournois de
» rente annuelle, sur des rentes constituées sur l'hôtel
» et maison de ville de Paris, la dîme par lui acquise
» du seigneur d'Oradour, et autres propriétés particu-
» lières : plus dix-neuf cent quatre-vingts livres tour-
» nois de rente d'augmentation à prendre sur ledit
» hôtel de Paris : plus soixante livres de rente due par
» François de Tersat, sieur de Lambre, et autres
» co-obligés ; plus leur donna certaines propriétés ap-
» pelées du Cros-Boignol par Issoire, acquises de feu
» Thomas du Prat, seigneur de Gondole, sous faculté

» de rachat, et aussi une rente ou droit seigneurial
» appelé du Marc d'or, sur le bourg et habitants de
» Dalet, et pareillement certains étangs acquis du sei-
» gneur de Coudongnat, sous faculté de rachat, à la
» charge que s'ils ne rachetoient un an après le terme
» de rachéter expiré, lesdits droits et propriétés ap-
» partiendroient audit collége de Billom, auquel il
» donne en outre sa chapelle d'argent et ornements
» d'icelle, et les livres de sa librairie qui leur seront
» convenables, à la discrétion des exécuteurs de son
» testament; à la charge que les Jésuites seront tenus
» de nourrir, loger et entretenir de toutes choses à per-
» pétuité dix-huit pauvres écoliers à leur choix et du dio-
» cèse de Clermont, et que deux religieux de ladite so-
» ciété, sous l'obédience de leur supérieur, seroient pris
» et députés au régime, instruction et gouvernement
» des pauvres du grand hôpital de cette ville. Au collége
» de Clermont, en la ville de Paris (1), donna les seigneu-
» ries de Cormède, Lempde et Saint-Amant d'Artière,
» acquises du sieur de Ravel; plus la somme de six mille
» livres tournois; plus quinze cent quarante-cinq livres
» tournois de rente annuelle à prendre sur l'hôtel de
» Paris, et six cents livres de rente constituée due par

---

(1) Il fut depuis nommé collége Louis-le-Grand, sous le règne de Louis XIV, par une complaisance et peut-être par adulation des Jésuites pour ce souverain, faits et sentiments qui entraînèrent l'oubli du fondateur et premier bienfaiteur.

» Mgr le vidame de Chartres, Henry Godefroy, et autres
» co-obligés, à la charge d'entretenir aussi six pauvres
» écoliers. Au collége de Mauriac, pour le bâtir et
» dresser, cinq mille livres, et d'augmentation deux
» mille livres tournois, et pour l'entretennement des Jé-
» suites quatre cents livres de rente constituée sur
» l'hôtel de Paris, et six cents livres de rente cons-
» tituée due par dame Jacqueline d'Estouteville,
» comtesse de Saint-Paul, et Fiacre Charpentier,
» bourgeois de Paris, et autres co-obligés; plus dix-
» huit cent soixante-quinze livres de rente consti-
» tuées dues par divers seigneurs et bourgeois de
» Paris, lesquels il laisse à la disposition des exécu-
» teurs de son testament pour les assigner sur ledit
» collége de Paris ou de Mauriac, et à celui qu'ils ju-
» geront le plus propre pour tel nombre de pauvres
» écoliers que le revenu desdites rentes pourroit por-
» ter. Davantage il bâtit et fonda le couvent des Mi-
» nimes de Beauregard, auquel il donna douze cents
» livres de rente dues par le cardinal de Lorraine et
» Jean de Longueil, sa croix d'or qu'il portoit au
» cou, un grand tapis de Turquie et les livres de sa
» librairie propres à leur usage : plus aux pauvres de
» l'Hôtel-Dieu de Paris ce qu'il restoit à racheter
» d'une rente constituée de quatre cent cinquante
» livres due par Jean Bally, commissaire au Châtelet,
» et autres, et les arrérages échus jusques à son

» décès ; et en reconnoissance des peines et vaca-
» tions de maître Jean du Vair, son filleul, il lui
» donna et légua cinquante-six livres six sous de
» rente due par la veuve et héritiers de Jean Ber-
» nard, lieutenant criminel de robe courte, et donna
» quatre cents livres de rente aux Minimes de Nyon
» lès Paris à prendre sur le prévôt des marchands et
» échevins de Paris, à la charge de bailler et payer
» par chacun an, à trois religieux de Mozat, de Ruel
» et Crespi, soixante livres de pension pour les entre-
» tenir au collége de Cluny ; légua aux abbayes de
» Mozat, et aux prieurés de Ruel et de Crespy quatre
» cent cinquante livres à chacun ; aux couvents des
» Jacobins, Cordeliers et Carmes de ce pays trente
» livres à chacun. A toutes les religions de Sainte-
» Claire en France cent livres à chacune, et à celle
» de Bourges cinq cents livres tournois pour la répa-
» ration de leur monastère, et cent livres à la cathé-
» drale pour un obit, et institua les pauvres de l'Hôtel-
» Dieu de cette ville ses héritiers au surplus de ses
» biens estimés cent cinquante mille livres, auxquels
» il fit bâtir ce bel Hôtel-Dieu de Saint-Barthélemy.
» Et s'étant trouvé le mardi 2ᵉ jour de juillet 1549,
» et le mercredi 5ᵉ jour de janvier 1547, aux Etats-
» Généraux, il mourut trois ans après à Beauregard,
» le 22 octobre 1560, âgé de 53 ans. Son corps fut
» enterré aux Minimes, en attendant le sacre de l'église

» des Jésuites de Billom où il vouloit être translaté
» par son dit testament (1). »

GUILLAUME DU PRAT, EVÊQUE DE CLERMONT,
A ANTOINE DU PRAT, SEIGNEUR DE NANTOUILLET, ETC., PRÉVOT DE PARIS, SON FRÈRE.

Il comptoit retourner en France, mais l'ouverture du concile le va retenir; il envoie Lambre à sa place pour s'enquérir de ses affaires, et prie son frère de lui venir en aide. — Il auroit bien voulu se trouver en Auvergne quand il y viendra et lui faire les honneurs de Notre-Dame du Puy, et le prie d'user de toutes choses chez lui, comme à lui appartenant.

Trente, 28 janvier 1545.

Monsieur mon frère, il y a plus de trois mois ou environ, que je n'ai reçu aucunes nouvelles de vous, combien que de ma part je n'ai failli vous écrire souvent. J'ai toujours été jusqu'à présent en suspens de mon retour en France, et maintenant que le concile est ouvert et bien commencé, je pense bien que je n'y pourrai aller si tôt comme je dois, et que mon retour soit pour quelque temps reculé, au moyen de quoi je me suis délibéré d'envoyer Lambre par delà, pour entendre un peu de mes affaires par le menu, et y mettre quelque ordre, ce que j'avois toujours différé faire;

---

(1) *Les origines de Clermont, ville capitale d'Auvergne*, par M. Jean Savaron, etc., à Clermont, 1607, 1 vol. in-12, p. 236 et suivantes. — Testamentum die 25 junii, anno Domini 1560. — Acta capitularia. — Du Tillet en ses mémoires, etc., etc.

espérant moi-même y devoir aller. Je vous prie, Monsieur mon frère, lui vouloir aider et donner faveur pour mesdites affaires, en ce qu'il en pourroit avoir à faire, et le vouloir croire de ce qu'il vous dira de ma part. Ne voulant faire plus longue lettre, remettant le surplus tant de ma santé et disposition comme de notre dit concile, à vous dire plus amplement par lui ; sur ce point, je désirerois fort être en Auvergne sur ce temps que vous y devez aller, ainsi que l'on m'a mandé dudit fait, et eusse bien voulu votre dit voyage être différé à mon retour, afin de vous recevoir et faire compagnie à Notre-Dame du Puy. Je vous prie, Monsieur mon frère, n'y épargner choses que j'ai audit pays, et en user comme de votre propre, vous assurant au surplus que combien que je sois ici en bien bonne compagnie de grands personnages et savants, si est-ce que je souhaite souvent être pour quelques jours avec vous et madame ma sœur (1), à laquelle je désire être recommandé bien humblement et de bon cœur, comme d'aussi bon cœur je me recommande à votre bonne grâce, priant Notre Seigneur, Monsieur mon frère, vous donner très-bonne vie et longue (2).

De Trente, le xxviiie jour de janvier 1545.

Votre très-humble et meilleur frère,
Du Prat, év. de Clermont.

Et au dos : A Monsieur mon frère, Monseigneur le Prévôt de Paris, seigneur de Nantouillet et de Précy, à Nantouillet.

---

(1) Géraude du Prat mariée : 1° à Méry Rouvroy-Saint-Simon ; 2° à Réné d'Arpajon Sévérac.

(2) Bal. 9037, f° 131.

GUILLAUME DU PRAT, ÉVÊQUE DE CLERMONT,
A ANTOINE DU PRAT, SEIGNEUR DE NANTOUILLET, ETC.,
PRÉVOT DE PARIS, SON FRÈRE.

Il a reçu ses dépêches de Paris, mais non celles de Villers-Cotterets. — Etat de sa santé. — Nombre de prélats à Trente, où ils sont comme prisonniers, et n'ont d'autre plaisir que de recevoir nouvelles de tous pays. — Il doute que Trente soit un lieu à contenir tant de monde et pense qu'il faudra transférer le concile ailleurs. — Il profitera de ce mouvement pour faire un tour en France. — Nouvelles de l'Empereur et de la diète. — Noms des députés. — Troubles à Sienne. — Désir qu'il a de le revoir. — Il sera surpris de sa longue barbe.

Trente, dernier février 1545.

Monsieur mon frère, le long temps que j'avois été sans entendre aucunes nouvelles de vous, a été cause que j'ai eu un grand plaisir recevant les lettres qu'il vous a plu m'écrire de Paris du IXe de ce présent mois, desquelles je vous remercie, vous assurant que je n'ai reçu celle que vous me mandez m'avoir envoyé de Villers-Cotterets, ni semblablement les autres de Saint-Germain, dont je me suis fort émerveillé, parce que j'ai toujours reçu tous les paquets que mes gens m'ont envoyés jusqu'à présent, sans en perdre jamais un, par le moyen du bon récapitement que je leur ai toujours donné. Je ne sais à qui vous aurez donné vosdits paquets; il me suffit de savoir votre bonne disposition et santé. Quant à moi, je me suis toujours, par tous lieux où j'ai été, très-bien porté, comme je fais encore, Dieu merci; il est vrai que nous sommes ici, en ce petit lieu de Trente, assez bon nombre de prélats entre lesquels il y en a de bien savants, qui sommes attachés par les pieds, et comme prisonniers, et n'avons plus grand plaisir ni passe-temps que de ce que nous avons et entendons souvent nouvelles de tous côtés du monde et de toutes sortes, et augmentons chacun jour en nombre de prélats qui arrivent. Nous attendons aussi de jour en jour la bonne compagnie qui doit venir en bref de France, qui fortifiera fort notre dite compagnie. Joint qu'il en doit venir plusieurs, tant d'Espagne que d'ailleurs, dont nous espérons que notre concile sera d'un grand fruit pour la chrétienté. Toutefois j'ai douté que ce dit lieu qui est bien petit ne soit capable pour recevoir tant de gens, et que, ceux-ci venus, on ne soit contraint transporter ledit concile ailleurs. Ce que nous pourrons savoir à cette présente et troisième session, qui a été ordonnée au jeudi après le dimanche de *Lœtare*, ou à l'autre session ensuivant. Si ainsi est qu'on le transportât, et que pour ce faire, il y eût temps assez pour aller faire un tour en France, je ne perdrois l'occasion de vous aller voir et tous nos amis de par delà, aussi pour donner ordre et entendre un peu mes affaires. Nous avons entendu comment l'Empereur est départi d'Utrecht pour s'en aller à Ratisbonne au colloque qui est commencé, et y arrivera environ le commencement de ce carême, qui sera pour précéder à la diète qui se doit faire. Les protestants ont élu quatre personnages pour assister audit colloque ; c'est à savoir : Martinus Butzérius, Jacopin Reynie, Philippus le Noir qui se fait nommer Mélancthon, Johannes Brentius et Martinus Schwepr. Les catholiques en ont députe autres quatre, qui se nomment Julius Pfug, Episcopus Bambergensis, Michaël, Episcopus Sydoinensis suffraganeus, *Magontinus Eberardus Villiete carmelita, Prior Colonne, Joz Sioffe Minister Augustinianus, et uno eorum absente dominus Petrus Malvenda hispanus doctor Parisiensis.* Les deux présidents dudit colloque sont : Episcopus Duchsterensis pour l'un, et Comes Fredericus de Fustemberg pour l'autre, qui est frère du comte Guillaume. Ledit sieur Empereur, pour aller audit Ratisbonne, a pris son chemin à passer par Gueldres. Depuis peu de jours aussi, il y a eu grande dissension entre ceux de Sienne qui est république, et tellement qu'ils se sont tués les uns les autres jusqu'au nombre de quarante ou cinquante des principaux, dont le duc de Florence entendant ce, y alla ou envoya bonne compagnie, qui peut avoir été cause qu'ils se sont pacifiés et accordés entre eux. J'ai été averti que monsieur de Mende doit venir par deçà, dont je serois très-aise, tant pour le voir que pour entendre plus au long et familièrement de vos nouvelles, desquelles je vous prie continuer à me mander, ayant commodité de ce faire. Sur quoi, je me recommanderai très-humblement à votre bonne grâce, sans y vouloir oublier madame ma sœur avec toute sa séquelle (1), priant Notre-Seigneur, Monsieur mon frère, vous donner et à elle en santé, bonne vie et longue.

De Trente, le dernier jour de février 1545.

---

(1) Géraude du Prat qui fut successivement madame de Saint-Simon et madame d'Arpajon, avoit eu de son premier lit Méry de Rouvroy-Saint-Simon, et Antoinette de Rouvroy-Saint-Simon, femme ; 1° de Jean de Canouville, seigneur de Raffetot; 2° de Louis de Montafié, comte de Varizelles en Piémont ; de son deuxième lit elle avoit eu Antoine baron d'Arpajon ; Jeanne d'Arpajon, mariée à Pierre de Pé ; Antoinette d'Arpajon, mariée à Charles de Pons.

Et de la main du signataire :

Monsieur, je vous recommande bien fort une petite affaire que pourrez avoir entendue par les lettres, et vous assure que je voudrois avoir acheté un jour bien cher pour être avec vous ; vous me méconnoîtriez de me voir la barbe si longue et parlant italien comme un autre. Cependant, Dieu merci, je me porte très-bien, et me tient en santé mon médecin, sans user de médecine.

Votre humble et meilleur frère,
Du Prat, év. de Clermont.

Monsieur, depuis ces présentes écrites, nous avons eu nouvelles que tant s'en faut que ceux de Sienne soient pacifiés, comme je vous ai écrit ci-dessus ; que ils sont sortis environ quatre-vingts de la partie la plus faible de la ville, et se sont retirés vers le duc de Florence, et ont envoyé ambassadeur pour en avertir l'Empereur, dont il en pourra advenir quelque chose au détriment de leur dite république ; aussi depuis peu de jours lesdits protestants ont fait une diète à Francfort, en laquelle le comte Palatin et l'archevêque de Cologne se sont rendus luthériens, et ont fait ligue de se défendre contre tous ceux qui les voudront assaillir, et ont envoyé remontrer audit sieur Empereur qu'il ne veuille offenser ledit Archevêque, à cause de sadite nouvelle religion. Davantage est ordonné en cette dite diète, s'il y a quelque prince d'Allemagne qui baille passage à nul autre pour les venir offenser, qu'il sera banni et chassé de tous ses états, et que tous lui courront sus. Ladite diète nous pourra faire sages de beaucoup de choses. Je crois que vous pourrez avoir entendu comment ledit sieur Empereur a renouvelé la paix avec le roi d'Angleterre. Nous avons semblablement eu lettres de Rome du XVII° de ce mois, par lesquelles il est mandé que le Pape a été fort malade et qu'à présent se porte bien (1).

Et au dos : A Monsieur mon frère, Monsieur le Prévôt de Paris, seigneur de Nantouillet et de Précy. A la part qu'il sera.

GUILLAUME DU PRAT, EVÊQUE DE CLERMONT,
A ANTOINE DU PRAT, SEIGNEUR DE NANTOUILLET, ETC.,
PRÉVOT DE PARIS, SON FRÈRE.

Il se disposoit à partir de Rome pour assister à Trente à l'ouverture du concile, quand il a reçu l'ordre du Roi pour s'en retourner en France. — Message à ce sujet. — Etat de ses finances et de sa santé. — Ses efforts pour bien remplir sa mission.

Padoue, 9 septembre 1545.

Monsieur mon frère, afin de non interrompre ma coutume de vous écrire souvent et ne vous laisser en suspens de ma santé et disposition, combien qu'il n'y ait longtemps que je vous ai écrit, n'ai voulu faillir vous envoyer ce mot de let-

---

(1) Bal. 9037, f° 75.

tres, vous avertissant que j'étois départi de Rome de la meilleure diligence que j'avois pu, pour aller retrouver messieurs mes compagnons à Trente, pour tous ensemble nous retrouver à l'ouverture du concile, le troisième dimanche de l'Avent, ce que je n'ai dû faire, ayant entendu sur les chemins comment le roi nous avoit mandé retourner en France, et que déjà monseigneur de Rennes étoit départi et en chemin; et que messeigneurs d'Aix et d'Agde étoient encore demeurés, attendant la réponse d'un courrier qu'ils avoient exprès envoyés à la cour, par lequel nous espérions avoir entière résolution de ce que nous devrons faire dans sept ou huit jours; cependant ledit sieur d'Agde s'est retiré hors de Trente, avec délibération de n'y retourner jusqu'à ce que le courrier soit de retour, ce que j'ai semblablement délibéré faire de ma part. Et à ce, Monsieur, pouvez entendre que je ne vous puis en rien certifier de mon retour, qui est la cause que je n'ai voulu faire lever argent de par delà, craignant fatigue ou dépense sans cause, et me suis toujours aidé de mon crédit, lequel j'ai trouvé très-bon en tout ce pays, de sorte que argent ni crédit ne me manquent non plus que santé et bonne disposition, Dieu merci. Vous voulant bien assurer que si je n'étois aussi ferme en ma liberté, et que je ne craindrois de perdre la communication et fréquentation de messeigneurs et amis de par delà, je serois content, attendant les affaires, d'être employé par deçà. Vous me ferez bien plaisir, Monsieur, la cour étant près de Paris, comme je pense, d'y faire un voyage avec votre commodité, et sentir ce qu'on dit de notre voyage, et quand au moyen que j'ai fait à Rome, je vous veux bien assurer qu'il a été trouvé de tous, aussi bien et commodément fait qu'il eût été possible de le faire, et sans ce qu'on me puisse reprendre d'aucune erreur ou faute, et ne voudrois pour rien que je l'eusse fait, combien qu'il me coûte davantage; mais je me suis rendu plus capable pour plusieurs choses, comme j'espère vous dire un jour plus amplement ; je ne l'ai point fait sans avoir fréquemment reçu lettre du Roi pour retourner en France, si nous n'eussions voulu et ayons mieux aimé employer la dépense et le temps là que de demeurer toujours en un lieu ne faisant aucune chose ; sur ce, Monsieur, je vous prie m'écrire de vos nouvelles, attendant lesquelles je me recommanderai humblement à votre bonne grâce, priant Notre-Seigneur vous donner très-bonne vie et longue, me recommandant aussi à la bonne grâce de madame ma sœur et tout son ménage (1).

De Padoue, le IXe jour de septembre 1545.

Votre humble et meilleur frère,

Du Prat, év. de Clermont.

Et au dos : A Monsieur mon frère, Monsieur le Prévôt de Paris, seigneur de Nantouillet et de Précy, à la part qu'il sera.

---

(1) Bal. 9037, f° 77.

GUILLAUME DU PRAT, ÉVÊQUE DE CLERMONT,
A ANTOINE DU PRAT, SEIGNEUR DE NANTOUILLET, ETC.,
PRÉVOT DE PARIS, SON FRÈRE.

Il a écrit à messieurs du conseil pour obtenir un congé après sa maladie, il prie son frère d'appuyer sa demande.

Trente, 17 janvier 1546.

Monsieur mon frère, suivant ce que je vous ai dernièrement écrit et mandé, j'écris et envoie présentement lettres à messieurs les cardinaux de Lorraine, de Tournon, monsieur l'Amiral et de l'Aubespine, pour moyenner un congé et faire un voyage en France, leur faisant entendre les causes d'icelles, qui est la maladie que j'ai eue l'été passé, d'un catarrhe sur les yeux qui me continue toujours, en sorte que j'ai peur de devenir aveugle (s'il me continue) et si je ne change d'air pour raison de l'air de ce lieu qui m'est contraire, par quoi, ainsi que déjà vous ai mandé, je désirerois fort que vous fussiez à la cour quand lesdits seigneurs recevront mesdites lettres, afin d'y aider de votre part, comme je sais bien que le désirez autant que moi, qui me garde de vous en faire plus grande prière. Je prie monsieur d'Urfé, ambassadeur pour le Roi en cedit lieu, d'en écrire et témoigner au Roi ce qui en est comme pourrez entendre plus amplement. Je me fie bien que si vous êtes à la cour, vous y ferez ce que pourrez, tant envers mondit sieur le cardinal de Lorraine, qui en a déjà parlé une fois audit seigneur, que envers les autres ; sur quoi je me recommanderai humblement à votre bonne grâce, priant Notre Seigneur, Monsieur mon frère, vous donner bonne vie et longue.

De Trente, le XVIIe jour de janvier 1546.

Votre humble et meilleur frère,

Du Prat, év. de Clermont.

Et au dos : Monsieur mon frère, Monsieur le Prévôt de Paris, seigneur de Nantouillet et de Précy. A la part qu'il sera.

GUILLAUME DU PRAT, EVÊQUE DE CLERMONT,

A ANTOINE DU PRAT, SEIGNEUR DE NANTOUILLET, ETC.,

PRÉVOT DE PARIS, SON FRÈRE.

Il sollicite à nouveau son congé. — Touchant la septième session du concile où ont été réfutées les erreurs des luthériens sur les sacrements. — Nouvelles d'Allemagne et du Turc : en P. S., il a reçu son congé.

Trente, 5 mars 1546.

Monsieur mon frère, je vous ai écrit deux fois en ce dernier mois de janvier, par les deux courriers qui départirent d'ici ; par le premier j'envoyai une assez ample dé-

---

(1) Bal. 9037, 4 ; f° 121.

pêche qui fut adressée à monsieur de l'Aubépine pour avoir mon congé du Roi, ainsi que je vous ai toujours averti et écrit par les deux courriers, dont, toutefois, je n'ai eu ni entendu de vous ni autres aucunes réponses. Je remets plutôt la faute de ce sur le soudain département desdits courriers, qui n'ont guère arrêté à la cour, que sur autre chose, vous avertissant, néanmoins, que ce me seroit un bien grand plaisir d'avoir plus souvent de vos lettres et nouvelles desquelles me semble avoir bien longtemps que je n'en ai reçu. Je vous prie prendre garde au retour de ce courrier et par lui m'écrire amplement ce que vous avez pu entendre de mondit congé ; l'attente et espérance duquel m'a toujours tellement tenu en suspens que mes affaires en vont de mal en pis, attendant de jour en autre et me tenant prêt pour monter à cheval, si j'entends que mondit congé soit octroyé ; et entre, de plus en plus, en plus grand labyrinthe, duquel j'espère (avec l'aide de Dieu) sortir, quelque jour, comment je suis autrefois sorti d'autres dangers. Il est vrai (comment plusieurs fois vous ai mandé), que l'air de ce lieu m'est tellement contraire que si je ne me gouvernois avec tel soin que je fais, je serois en danger de pis avoir et fais tout ce qu'il m'est possible pour, tôt ou tard, m'en retourner en bonne santé en France. Jeudi dernier j'ai tenu et fait *la septième session de notre dit concile* par laquelle sont condamnées les erreurs des luthériens sur les sacrements, mêmement sur le sacrement de baptême et de confirmation. Je ne vous puis envoyer le double du décret parce que, incontinent que ladite session est faite, on dépêche ledit courrier pour en envoyer le double au Roi, et n'est possible de le doubler si soudainement. Quant aux nouvelles d'Allemagne, parce que les chemins du côté desdites Allemagnes sont maintenant ouverts et plus près de France que par ci, je crois que en entendez souvent. Il est bruit ici que le Turc fait de gros préparatifs ; on est encore sur l'expectation de la certitude. Que sera l'endroit où je ferai fin à ces présentes, après mes humbles recommandations à votre bonne grâce, et de madame ma sœur et tout son petit peuple, priant le Créateur, Monsieur mon frère, qu'il vous donne très-bonne vie et longue.

De Trente, le cinquième jour de mars 1546.

J'ai envoyé le double du décret de la session qui fut faite, jeudi dernier, à Floques, auquel je mande icelui de vous communiquer, afin que voyez ce qui a été fait, si vous avez plaisir de le voir.

Votre humble et meilleur frère,

Du Prat, év. de Clermont.

Monsieur mon frère, depuis ces lettres écrites je reçus vos lettres et celles que m'avez envoyées par mon retour, écrites du IX février. Je mettrai peine, avec l'aide de Dieu, de faire dextrement exécuter le tout et espère de partir le plus tôt que pourrai, mais ce ne sera pas sans être secrètement informé des affaires d'Italie et encore d'Allemagne, de ce que par moi en se pourra savoir pour n'aller par delà les mains vides et muet, mais pour en rendre compte au maître, s'il lui plaît l'entendre.

Je vous remercie bien fort et vous avise que ce m'a été aussi grand plaisir d'entendre des nouvelles comme ce m'étoit de fâcheries de n'en avoir point ; le demeurant, je remettrai à vous dire de bouche ; cependant je serois bien aise d'entendre encore un mot de vos nouvelles et faudroit adresser votre paquet à monsieur du Peirat, lieutenant général pour le Roi, à Lyon, que connoissez qui me le rendra en passant par là et sera bien aise de entendre un... pour parler à vous si se peut faire avant que de joindre à la cour (1).

Et au dos : Monsieur mon frère, Monsieur le Prévôt de Paris, à Nantouillet.

GUILLAUME DU PRAT, ÉVÊQUE DE CLERMONT, A ANTOINE DU PRAT, SEIGNEUR DE NANTOUILLET, ETC., PRÉVOT DE PARIS, SON FRÈRE.

Lambre qu'il a envoyé en Auvergne devoit lui présenter une cédule de 1700 livres ; mais, cette pièce ne se trouvant pas, il le prie de payer cette somme, ce nonobstant, celle-ci devant servir de quittance.

Trente, dernier avril 1546.

Monsieur mon frère, depuis mes autres lettres écrites, il m'est souvenu comment j'avais donné charge à Lambre, en passant par Auvergne, de prendre votre cédule de

---

(1) Bal. 9037, 4; f° 33.

dix-sept cents livres pour iceux recouvrer de vous. Toutefois, il m'a mandé qu'il ne l'avoit trouvé au lieu que je lui avois dit, dont je pourrois avoir équivoque de lieu ; néanmoins, suivant le bon vouloir que je sais que vous avez de m'en aider, à cette heure que j'en ai à faire, je vous prie ne différer bailler ladite somme audit Lambre, combien qu'il n'ait ladite cédule, vous promettant par cette présente que je la tiendrai pour reçue, autant que si moi-même l'avois reçue et me montrant son récépissé, et veux que lui ayant baillé ladite somme, ladite cédule (quelque part qu'elle soit), demeure cassée et annulée et de nul effet.

Je m'assure bien que vous me voudrez bien de tout croire et faire plaisir. A tout je me recommande humblement à vos bonnes grâces, suppliant le Créateur vous vouloir donner très-bonne vie et longue (1).

De Trente, le dernier jour d'avril mil cinq cent quarante-six.

Du Prat, év. de Clermont.

Et au dos : A Monsieur mon frère, Monsieur le Prévôt de Paris, seigneur de Nantouillet et de Précy, à Nantouillet.

---

(1) Bal. 9037, 4 ; f° 118.

GUILLAUME DU PRAT, ÉVÊQUE DE CLERMONT,
A ANTOINE DU PRAT, SEIGNEUR DE NANTOUILLET, ETC.,
PRÉVOT DE PARIS, SON FRÈRE.

Touchant le retard de son voyage. — L'Empereur aidé par le Pape fait de grands préparatifs contre les protestants. — Du concile qu'il est question de transférer. — Nouvelles de sa santé. — Propositions à M. de Montpellier d'échanger son abbaye de Chalis contre celle de Moissac.

Trente, 9 juillet 1546.

Monsieur mon frère, j'ai entendu par vos lettres du VIIIe juin, que j'ai reçues, aussi par ce que m'écrit Lambre, la réponse de mon voyage que j'espérois un peu plus tôt faire par delà. Toutefois, attendu la réponse que le Roi a faite, j'aime mieux qu'il soit ainsi que autrement, parce que cependant les grandes chaleurs (qui sont déjà ici bien commencées seront passées). Je pense que le principal soit fait qui est d'en avoir tenu les premiers propos et fait l'ouverture audit seigneur, et ne restera que de rafraîchir lesdits propos en temps et lieu, comme je pense qu'il vous plaira bien faire, en manière que j'espère être d'environ cette demi-août ou le mois de septembre (que le temps sera frais) par delà. Il n'y a ici autres nouvelles, si ce n'est que l'Empereur fait grosses préparations pour faire la guerre contre les protestants, sous couleur de rébellion et de religion. Le Pape lui fournit douze mille hommes et sept cents chevau-légers qui doivent en bref passer par ici et lesquels nous pourrons voir. Ledit seigneur fait grandes montres et bravades de grosse guerre, et pense-t-on que ce soit plus pour les intimider et les faire venir à la raison que autrement. Il a été ici quelque bruit de mettre notre dit concile en autre lieu pour la crainte de ladite guerre, et faute de vivre que s'en pourront en suivre. Je ne sais encore qu'il en sera. J'ai été ce mois de mai un peu aux champs pour changer d'air et vous assure que je me porte aussi bien que je fus Turc ; il est vrai que je n'épargne rien pour ma santé, ni n'ai délibéré de faire autrement. J'ai entendu que monsieur de Montpellier, abbé de Chalis, avoit eu quelques fâcheries avec ses religieux et prêtres, contre aucuns curés de ses voisins, dont son abbaye pourra diminuer d'environ mille livres par an et qu'il étoit en propos d'en prendre récompense. Que m'a donné occasion vous prier de savoir que c'est et sentir (sans faire semblant qu'il vienne de moi), s'il voudroit entendre à la permutation de mon abbaye de Moissac contre ladite abbaye du Chalis, qui est abbaye en tel titre et dignité que ladite abbaye du Chalis, et sur son chemin pour aller audit Montpellier, et en laquelle y a de belles collations de bénéfices de trois et quatre cents sols, ce qui n'est audit Chalis, et est ladite abbaye de Moissac bien bâtie et réparée de neuf et les religieux bien et religieusement vivants. De laquelle, comme vous le pourrez faire entendre, il me fâcheroit bien de m'en défaire pour la commodité de quoi elle m'est étant en mon évêché et à ma porte, et est accensée présentement II^m IX^c L. sous plusieurs réserves qu'on a retenues ; toutefois, afin d'être plus près votre voisin de Précy, que vous mettrez peine de me le faire faire ce que véritablement je désirerois bien aussi pour cette même raison, à ce que je pense encore plus grande occasion d'être plus souvent avec vous et seriez-vous même comme abbé dudit Chalis ; et s'il est question de la plus valeur de l'une ou l'autre, cela se pourra moyenner par pension qu'on pourra constituer l'un à l'autre; vous m'en manderez votre avis, s'il vous plaît, avec ce que vous en aurez trouvé.

Messieurs nos ambassadeurs sont arrivés depuis le XXVIe du mois passé, lesquels, bien entendu, furent reçus honorablement, et envoie ledit sieur d'Urfé, son secrétaire, présent porteur à la cour, lequel, comme je pense, retournera incontinent. Je désirerois soit que vous m'écriviez par lui bien amplement s'il vous plaît. A tout, Monsieur mon frère, je me recommande à votre bonne grâce et de madame ma sœur, priant Notre Seigneur vous donner très-bonne vie et longue.

De Trente, le IXe jour de juillet 1546.

Quand le Roi aura commandé à ses évêques de partir pour s'en venir, il sera temps de remettre sus ledit propos, car notre département d'ici ne donnera aucun soupçon pour ce que être ici venus nos ambassadeurs et évêques, acheminés pour venir, c'est bien signe évident à un chacun que le Roi désire la conservation du concile, et toute la compagnie des prélats qui sont ici le pensent et l'insinuent ainsi, comme nous les avons toujours assurés.

Je vous ai envoyé un mémoire des gens de guerre que l'Empereur doit avoir à cette guerre contre les luthériens, toutefois je pense que ledit mémoire porte plus qu'il n'en aura, et qu'on y a avancé, et suffira bien s'il y en a une partie (1).

Votre humble et meilleur frère,
Du Prat, évêque de Clermont.

Et au dos : A Monsieur mon frère, Monsieur le Prévôt de Paris, seigneur de Nantouillet et de Précy. A la part qu'il sera.

GUILLAUME DU PRAT, EVÊQUE DE CLERMONT,
A ANTOINE DU PRAT, SEIGNEUR DE NANTOUILLET, ETC.,
PRÉVOT DE PARIS, SON FRÈRE.

Il a été malade et n'a voulu lui en rien dire en sa dernière. — Il va mieux et quitte Trente pour Padoue pour changer d'air. — Il aspire à son congé. — L'armée du Pape est en marche. — Les luthériens occupent déjà les passages. — Il y aura débat.

Venise, 23 juillet 1546.

Monsieur mon frère, dernièrement que je vous écrivis de Trente par le secrétaire de monsieur l'ambassadeur d'Urfé, dépêché en poste, je ne vous voulus rien mander de la maladie de laquelle j'étois détenu pour lors, craignant que vous n'eussiez quelques soupçons qu'il m'advînt pis ; et mêmement je priai ledit secrétaire de n'en faire aucun bruit à la cour ; maintenant, ayant trouvé la commo-

---

(1) Bal. 9037, 4, f° 85.

dité par M. de l'Espine, je n'ai voulu faillir de vous écrire ce mot, pour vous faire entendre comme je me porte mieux que jamais, grâce à Dieu, et pense que cette maladie qui étoit un grand dévoiement, me causera une plus grande santé ci-après. Par le conseil des médecins je suis parti de Trente pour changer d'air et m'en suis venu à Padoue, et en cette ville où je pourrai séjourner huit ou quinze jours ; cependant j'espère que le Roi aura fait partir messieurs les évêques, qui vous sera occasion de solliciter mon congé et de plus facilement obtenir : mondit sieur de l'Espine m'a promis d'y tenir la main. Des nouvelles de par delà, l'armée du Pape doit passer à Trente dimanche prochain, ou sur le commencement de cette semaine prochaine. Les luthériens ont déjà occupé quelques passages pour les garder de passer, lequel ne se pourra à grand'peine recouvrer sans y avoir quelque débat ; de tout ce qui sera fait, je ne faillirai à vous en avertir, qui sera l'endroit où je me recommanderai à votre bonne grâce, d'aussi bon cœur, comme j'ai désir de vous voir, priant le Créateur vous donner en santé bonne et longue vie.

De Venise, le XXIIIe jour de juillet 1546.

N'oubliez mes affectionnées recommandations à madame ma sœur et à tout votre ménage (1).

Votre humble et meilleur frère,

Du Prat, év. de Clermont.

Et au dos : A Monsieur, Monsieur mon frère, Prévôt de Paris, et seigneur de Nantouillet, à Paris.

---

(1) Bal. 9037, 4, f° 129.

GUILLAUME DU PRAT, ÉVÊQUE DE CLERMONT,
A ANTOINE DU PRAT, SEIGNEUR DE NANTOUILLET, ETC.,
PRÉVOT DE PARIS, SON FRÈRE.

Au sujet du décret de justification. — Nouvelles de l'Empereur dont l'armée fait des pertes par la maladie. — Il insiste pour obtenir son congé, l'air de Trente lui étant défavorable.

Trente, 12 septembre 1546.

Monsieur mon frère, je ne vous ai point écrit par tous ces courriers qui ont passé et sont départis parce que j'ai toujours douté que vous ne seriez point à la cour jusqu'à présent, que je pense que le roi soit approché de Paris, qui aura été cause que y pourrez être venu, et par ce n'ai voulu laisser partir ce courrier sans vous écrire ce mot, et vous faire entendre que si j'ai quelque occasion de penser que soyez à la cour huit ou dix jours après la réception, que je vous écrirois plus amplement de mes nouvelles, vous priant me vouloir mander des vôtres plus tôt que pourrez. Nous travaillons fort maintenant après le *décret de justification, qui est une des parties belle et sainte et bonne matière*, dont on sauroit parler, et laquelle à notre jugement sera de grand fruit, et pour le moins elle nous est de grand'peine. Quant aux nouvelles d'Allemagne, l'Empereur est encore en armes, combien qu'il soit bien diminué et de gens et de crédit, et se sont plus perdus de gens, tant de son côté que de ses ennemis, par froids et maladies que par faits d'armes. On dit qu'il a gagné deux ou trois villes sur le chemin allant en Flandre: nous en attendons plus amples et certaines nouvelles en bref. Cependant je me recommanderai humblement à votre bonne grâce, priant Notre-Seigneur vous donner très-bonne vie et longue.

De Trente, le XIIe septembre 1546.

Ce que je désirerois que fissiez dans huit ou dix jours à la cour, et si vous n'y êtes quand recevrez ces présentes, si votre commodité le portoit que vous y allassiez, est dans six ou sept jours faire une bonne dépêche pour avoir mon congé et doit partir un courrier par deçà par monsieur d'Urfé, dans ledit temps, et m'a ledit seigneur d'Urfé promis d'en écrire au Roi et témoigner de l'indisposition de ma personne en ce lieu de Trente, où l'air m'est le plus contraire du monde, comme le voient tous ceux qui sont de par delà, et, si je ne changeois d'air, j'aurois peur de devenir aveugle; je serois bien aise que vous fussiez à la cour quand ledit courrier y arrivera (1).

Votre humble et meilleur frère,

Du Prat, év. de Clermont.

Et au dos : A Monsieur mon frère, Monsieur le Prévôt de Paris, seigneur de Nantouillet et de Précy. A la part qu'il sera.

---

(1) Bal. 9037, 4, f° 81.

GUILLAUME DU PRAT, ÉVÊQUE DE CLERMONT,
A ANTOINE DU PRAT, SEIGNEUR DE NANTOUILLET, ETC., PRÉVOT DE PARIS, SON FRÈRE.

Il lui mande de ses nouvelles et voudroit savoir si M. le connétable se recorde du temps passé.

De Croisieu, le xxe d'avril 1547.

Je vous prie de rechef, mon frère, de me mander soudain de vos nouvelles, et mêmement si notre sieur le Connétable se recorde du temps passé, j'entends qu'il a de grandes mutations; je ne vous en dirai autre chose pour ce que j'espère vous voir en brief, si à Dieu plaît et en ai bien envie. Je me recommande à madame ma sœur et à tout votre ménage (1).

Vôtre humble et meilleur frère,

Du Prat, év. de Clermont.

Et au dos : A Monsieur mon frère, Monsieur le Prévôt de Paris, à Nantouillet.

---

(1) Bal. 9037, 4, fo 137.

GUILLAUME DU PRAT, EVÊQUE DE CLERMONT,
A ANTOINE DU PRAT, SEIGNEUR DE NANTOUILLET, ETC.,
PRÉVOT DE PARIS, SON FRÈRE.

Au sujet de son procès avec le sieur Ripaud, pour son archidiaconé. — Nouvelles d'Allemagne. — Diète de Ratisbonne et de Worms.

Paris, 3 décembre 1552.

Monsieur mon frère, je vous ai écrit il y a environ huit ou dix jours; je ne sais si vous avez reçu mes lettres suivant le contenu desquelles j'attends les moyens de pouvoir faire un voyage de deux ou trois mois par deçà pour vous voir (ce que je désire bien), et tous nos amis. Si l'occasion s'offre que j'y puisse aller, je ne la laisserai passer sans l'exécuter. J'ai entendu par mon aumônier Lestang, qu'on s'est aidé auprès de mon archidiacre contre Ripaud des lettres d'État qui ont toujours reculé l'expédition de ce dont je demande et désire la fin et issue. Je ne sais comment ledit aumônier a fait cela, si ç'a été par votre avis, comme il m'échet. Je pense bien que ç'a été pour quelques raisons; toutefois j'eusse bien désiré qu'on eût poursuivi ledit Ripaud au conseil, comme suivant l'ajournement qu'on lui avoit fait pour apporter son titre, ainsi que j'avois déjà fait entendre à messieurs le cardinal de Tournon et Chancelier, auxquels je vous prie en vouloir encore parler et leur remontrer mon droit, ainsi que bien l'entendez, lequel étant tout clair et apparent comme on peut voir, je désire fort qu'il soit vidé, tant pour rendre mondit archevêque paisible de cette affaire, que aussi pour faire entendre audit Ripaud et autres que nous avons pouvoir de lui faire connoître son tort. Il a toujours fui et reculé quand on l'a poursuivi, et maintenant qu'on s'est aidé desdites lettres d'État, je ne sais qu'il pourra penser. Je ne voudrois pas laisser la chose ainsi, encore que ledit Ripaud ne voulût poursuivre de son côté et désire fort en voir la fin. Que sera l'endroit auquel je me recommanderai humblement à votre bonne grâce, priant Notre-Seigneur, Monsieur mon frère, qu'il vous donne très-bonne vie et longue, et à madame ma sœur, à laquelle je me recommanderai bien humblement.

De Trenté, le XXVIII° jour d'avril 1552, avant Pâques.

Monsieur mon frère, si vous voyez qu'il soit besoin et que le trouviez bon, je vous prie, ayant la commodité que vous en parliez au Roi, lui remontrant le droit que j'ai audit archidiaconat, et que ce n'est qu'une volerie que ledit Ripaud m'a voulu faire. Ou bien laissez l'affaire dudit archidiaconat, ainsi qu'il est de présent jusqu'à mon arrivée par delà; que j'espère y donner bon ordre.

Les nouvelles que je vous puis mander, sont que le sieur don Fernand, vice-roi de Sicile, est envoyé de par l'Empereur pour être au lieu du feu marquis de Grasse, à Milan. Ledit sieur Empereur est de présent à Ratisbonne, qui a commencé ou bien est sur le point de commencer à user de son bois et faire diète pour sa santé, et présume que devant quarante jours qu'il sera en ladite diète, il ne pourra faire grand'chose en autres affaires. On dit ici que les Allemands tiennent une autre diète à Worms, et à ce qu'on peut conjecturer, toute l'Allemagne est bien troublée pour le présent (1).

Votre humble et meilleur frère,
Du Prat, év. de Clermont.

Et au dos : A Monsieur mon frère, Monsieur le Prévôt de Paris, seigneur de Nantouillet et de Précy, en Cour.

GUILLAUME DU PRAT, ÉVÊQUE DE CLERMONT,
A ANTOINE DU PRAT, SEIGNEUR DE NANTOUILLET, ETC.,
PRÉVOT DE PARIS, SON FRÈRE.

Heureuse capture de huit-vingts mulets chargés de butins pour le camp de l'Empereur. — Les ennemis repoussés de Metz. — La Reine attendue.

Paris, 3 décembre 1552.

Monsieur mon frère, je ne vous écrivis point hier par Philippe, parce qu'il me vint trouver à Sainte-Catherine, où j'étois avec monseigneur le cardinal de Meudon et avec lequel je dînois, joint aussi que je ne savois nouvelles dignes d'écrire; mais depuis à souper, j'en appris de bien bonnes que je me doute que vous aurez déjà sues, attendu qu'elles sont déjà tant communes que l'on en fera demain processions générales en cette ville, et pour cet

---

(1) Bal. 9037, 4, f° 35.

effet, j'irai demain trouver monsieur le cardinal de Bourbon encore que je ne sois du tout guéri de mes yeux. Lesdites nouvelles sont que nos gens qui sont dedans Metz ont fait une saillie et ont amené en ladite ville huit-vingts mulets chargés de vivres et argent qui alloient au camp de l'Empereur, et le lieutenant du marquis de Brandebourg pris. Je vous laisse à penser quelle défaite peut-être eût suivi à la prise d'un tel butin. Aussi les ennemis ont voulu donner quelques assauts à ladite ville, mais ils n'y ont reçu que honte et dommage. Dieu pourvoie à tout et nous veuille aider, auquel je prie vous donner ce que mieux désirez, me recommandant de tout mon cœur à votre bonne grâce, à celle de madame ma sœur et toute votre famille.

De Paris, ce jour IIIe décembre 1552.

La Reine doit demain arriver en cette ville en laquelle si vous ne venez, faites-moi envoyer les clefs de la salle et chambre de dessus la rue en votre maison, afin que je m'y puisse retirer pour plus commodément aller voir la Reine, si elle loge au palais comme l'on dit (1).

Votre humble et meilleur frère,

Du Prat, év. de Clermont.

Et au dos : A Monsieur mon frère, Monsieur le Prévôt de Paris, seigneur de Nantouillet, à Nantouillet.

---

(1) Bal. 9037, 4, f° 38.

ANTOINE DU PRAT, V^e DU NOM,
SEIGNEUR DE NANTOUILLET, BARON DE THOURY,
PRÉVOT DE PARIS,
A ANTOINE DU PRAT, IVe DU NOM,
SEIGNEUR DE NANTOUILLET, BARON DE THIERS
ET DE THOURY,
PRÉVOT DE PARIS, SON PÈRE.

Les deux Antoine du Prat mis en évidence par les lettres suivantes, étoient père et fils l'un de l'autre ; fils et petit-fils d'Antoine du Prat, chancelier de France, etc. ; frère et neveu de Guillaume du Prat, évêque de Clermont ; ils étoient encore seigneurs de Nantouillet, barons de Thiers et de Thoury, comme l'avoit été le Chancelier lui-même ; enfin, par une succession due à leur mérite personnel et à la faveur des Souverains, ils furent prévôts de Paris, de mars 1547 à novembre 1589. Antoine du Prat, 4e du nom, occupa le siége de cet office depuis 1547 jusqu'en 1553, où Antoine du Prat, 5e du nom, son fils, en reçut le titre par la démission de son père. Il le conserva jusqu'à sa mort, ce qui remplit l'espace de février 1553 à 1589.

Antoine du Prat, 4ᵉ du nom, fut chevalier de l'ordre du Roi, gentilhomme ordinaire de sa chambre.

Il épousa, le 30 novembre 1527, Anne d'Alègre, dame de Précy, baronne de Viteaux, fille de François d'Alègre, seigneur de Précy, et de Charlotte de Châlons, comtesse de Joigny, baronne de Viteaux ; celle-ci veuve d'Adrien de Sainte-Maure, comte de Nesle. Par elle messieurs du Prat de cette branche descendirent des anciens rois d'Italie, marquis d'Ivrée, des ducs et des comtes de Bourgogne, des princes d'Orange, de la maison de Genève, dont ils reproduisirent les armes dans les brisures de leur écusson. Antoine du Prat, 5ᵉ du nom, le baron d'Aucienville, le baron de Viteaux, Pierre du Prat, le baron de Thiers, la marquise d'Alègre, madame de Chabannes marquise de Curton, madame des Essarts et la dame de Puisieux, furent les fruits de cette noble et féconde union.

Anne d'Alègre, devenue veuve le 22 mai 1557, se remaria à Georges de Clermont d'Amboise, marquis de Gallerande, duquel second mariage il sortit une postérité illustre et nombreuse. Les fils de ce second lit furent sans inconvénients spoliateurs, mais non sans tribulations processives pour la maison du Prat, qui soutint et fit triompher ses droits d'aînesse et de premier lit.

En 1493, Antoine du Prat ayant épousé Françoise de Veyny-d'Arbouze, alors âgée de 16 ans, qu'il perdit le 19 août 1507, eut pour premier fruit de son union, Antoine du Prat ; dès le règne du roi Louis XII et surtout à l'avénement du roi François Ier en 1515, la faveur personnelle du Chancelier commença à le pousser à la cour, à l'armée, dans les affaires. Sous ses auspices et à sa suite, Antoine du Prat, son fils, 5e du nom, posséda une même faveur quoique entremêlée de grands revers, durant les quatre règnes successifs d'Henri II et de ses trois fils ; et ce fut en 1589, trois mois après l'assassinat du dernier d'entre eux et après l'extinction de la noble et brillante race des Valois, que mourut ce personnage; comme si le deuil d'avoir perdu les rois ses maîtres, devoit incessamment le conduire à leur suite au tombeau.

Antoine du Prat, dit alors marquis de Nantouillet, 4e du nom, avoit commencé les dangers de sa vie, par les risques d'un assassinat. En 1534, le Cardinal légat et chancelier, son père, revenant de Tours, le prévôt de Paris se porta à sa redevance : assailli par des brigands, entre Paris et Longjumeau, ils le frappèrent et blessèrent tellement qu'ils le laissèrent pour mort, et qu'un de ses laquais demeura sur la place. Le Prévôt en revint, les assassins furent pris, jugés, brûlés ; ce fut à cette occasion que, sous la date du 9 décembre, le Roi écrivit au chancelier du Prat : « Je vous avise que » j'ai été très-aise d'entendre que Nantouillet soit » hors de danger, et veux qu'il soit fait extrême pour- » suite pour prendre les malfaiteurs qui lui ont fait

» cet outrage, et que l'on en fasse telle punition
» qu'elle doive donner crainte à tous autres. Et sur ce
» faisant fin, je prierai Dieu, Monsieur le Légat, qu'il
» vous ait en sa garde.   François. »

Antoine du Prat, 4ᵉ du nom, mourut à Paris, le 22 mai 1557, et ses restes furent portés à Nantouillet.

Antoine du Prat, 5ᵉ du nom, prévôt de Paris comme son père, étoit, dit Sainte-Foix dans son Essai historique sur Paris, l'homme du monde qui avoit les plus puissants ennemis. « J'ai nargué, disoit-il, la reine
» Elisabeth à Londres ; je parle tous les jours fort mal
» des maîtresses du duc d'Anjou et du roi de Navarre;
» et j'ai eu le plaisir de manquer au duc de Guise à
» l'occasion d'une terre. »

En 1559, après la paix de Cateau-Cambrésis, Antoine du Prat de Nantouillet fut envoyé en Angleterre en qualité d'otage par la reine Catherine de Médicis, avec Frédéric de Foix, captal de Buch, Louis de Sainte-Maure, marquis de Nesle, et Gaston de Foix, marquis de Trans. Ces trois derniers ne tardèrent pas à être échangés contre les seigneurs de Moy, de Palaiseau et de la Ferté. Antoine du Prat demeura avec eux. *Ils étoient caution de la somme de cinq cent mille écus qui devoient être baillés à la reine d'Angleterre, à faute de la restitution de Calais dans le temps convenu.* En 1564, ils étoient tous rentrés en France.

Le duc d'Anjou, fatigué de sa maîtresse, Renée de

Châteauneuf, dite la belle de Rieux, et voulant lui procurer, en échange de ses faveurs, un grand établissement à la cour, avoit entrepris de la marier à François, comte de Brienne, lequel lui répondit : « Mon » cousin, j'épouserai votre maîtresse, mais en contre-» échange je veux que vous épousiez la mienne. » Après quoi le comte de Brienne s'éloigna prudemment de la cour pour fuir de tels empressements. Antoine du Prat en devint l'objet, il les repoussa avec la fierté qui étoit dans son caractère, et le dédain qui accompagnoit ses paroles. Il s'ensuivit qu'un jour étant à pied sur le quai de l'Ecole, il fut reconnu par Renée de Châteauneuf, laquelle lançant son cheval au galop, le renversa et piétina, malgré la résistance que voulurent y opposer ses gardes.

Ce fut encore à la suite et en conséquence des injures réciproques échangées à cette occasion par les Princes et Messieurs du Prat, que les rois de France, de Navarre, de Pologne et le duc de Guise ayant fait demander à souper à Antoine du Prat, dans son hôtel d'Hercule et en ayant éprouvé un refus, envahirent sa demeure, se firent servirent le repas, livrèrent au pillage ses coffres et sa vaisselle, déchirèrent son lit, insultèrent sa personne, et faillirent être tués par Guillaume du Prat, baron de Viteaux, qui n'attendoit pour en tirer cette vengeance que l'invasion de la chambre où lui et des gens, déterminés s'étoient retirés, prêts à la plus vigoureuse et meurtrière défense. Brantôme, l'Etoile, Castelnau, de Thou, Varillas, etc., peuvent être consultés sur ces diverses anecdotes.

Antoine du Prat, 5ᵉ du nom, seigneur de Nantouillet, comme l'avoient été son père et son aïeul, épousa Anne de Barbançon, fille de François de Barbançon-Cany, et d'Antoinette de Wavrin de Wazier. François de Barbançon étoit fils lui-même de Michel de Barbançon et de Péronne de Pisseleu, sœur d'Anne de Pisseleu, duchesse d'Etampes. Anne de Barbançon étoit sœur de Marie de Barbançon, qui épousa Jacques-Auguste de Thou et de Louis de Barbançon qui, après avoir vainement eu pour femmes Catherine de Schomberg, Madelaine d'Angennes, fille du marquis de Rambouillet, et Hélène de Lisle, substitua dans la possession de son nom, de ses armes et de ses grands biens, messieurs du Prat de Nantouillet ses petits-neveux, qui les portèrent et possédèrent jusqu'à l'extinction de leur branche.

Cette alliance fit descendre la postérité issue de ce mariage des maisons de Pisseleu, d'Hénin-Bossut, le Flamenc, d'Enghien, etc., ce qui la mit en affinité évidente avec ce fameux Dunois, qu'une illustre infidélité avoit donné pour fils à madame de Barbançon (Mariette d'Enghien), dame de Cany, légitime mère de messieurs de Barbançon et par eux de messieurs du Prat.

Michel Antoine du Prat, l'abbé de Bonlieu, madame

de Chandieu marquise de Nesle, la dame de Précy et de Puisieux, la pieuse abbesse de Notre-Dame des Clérets, furent les cinq fruits successifs de l'union d'Antoine du Prat, avec Anne de Barbançon, leur mère.

« Le 10 novembre 1588, dit l'Etoile en ses Mé-
» moires, sur les quatre heures du soir, un jeune
» homme masqué monta à la chambre de la femme
» d'Antoine du Prat, sœur du sieur de Cany et Picarde,
» séparée d'avec son mari par arrêt, comme elle se
» déshabilloit avec une ou deux de ses femmes, et lui
» donna un coup de dague dans la gorge, et après ce
» coup donné, se retira sans être vu ni retenu par
» aucun de la maison. On eut opinion que ce avoit
» fait faire son mari, pour le procès de séparation
» dans lequel elle le chargeoit de plusieurs crimes. »

Quoi qu'il en soit de l'auteur, demeuré inconnu, d'un tel attentat, Antoine du Prat mourut un an après en 1589, après avoir embrassé dans sa carrière et celle de son père la durée entière des cinq règnes orageux des brillants Valois.

Antoine du Prat, 5ᵉ du nom, fut, comme l'avoient été les deux autres Antoine, son père et son aïeul, lié avec toutes les sommités de son époque, qu'elles fussent royales, princières, militaires ou littéraires, ce qui est une autre noble principauté et incontestable royauté. MM. de Thou, Montaigne, Simeoni, etc., furent ses amis et ses correspondants, comme ils l'avoient été de son père.

C'est d'Antoine du Prat, 5ᵉ du nom, seigneur de Nantouillet, prévôt de Paris, chambellan du roi Charles IX, à Antoine du Prat, 4ᵉ du nom, seigneur de Nantouillet, chevalier de l'ordre du Roi et gentilhomme de sa chambre, que s'adressent les lettres qui suivront. Elles sont plus une relique de famille qu'un nouveau document historique, et c'est à ce titre modeste en lui-même, mais précieux pour l'éditeur, que je commets leur publication.

Pour achever par un trait posthume, la biographie de cette existence si agitée par les conséquences de l'époque, si troublée par les traits et tendances du caractère personnel, Anne de Barbançon, veuve d'Antoine du Prat, lui survécut longtemps. Elle étoit encore de ce monde le 25 février 1622, ayant épousé René Viault, seigneur de Champlivault en Sologne, de l'Etang, etc., chevalier des ordres du Roi, gouverneur d'Auxerre et Montereau, lieutenant général du pays d'Auxerrois. Il en sortit des enfants dignes de leurs pères. Les filles s'allièrent aux maisons d'Estutt, de Menou, de Campet, baronne de Soujou; et plus tard Diane-Marie de Campet, morte en 1702, fille de Marthe de Viault-Champlivaut, épousa Jacques de Beauvau, marquis du Rivau.

ANTOINE DU PRAT A MONSIEUR DE NANTOUILLET,

PRÉVOT DE PARIS, SON PÈRE.

Nouvelles de la Cour. — Humeur de M. le Connétable. — De MM. de Guise, cardinal de Lorraine et de Châtillon.—Il est toujours souffrant de son cautère. — Visité par Burgensis. — Détails divers.

Compiègne, 21 mai.

Monseigneur, aussitôt que fûmes arrivés en cette cour, qui fut samedi sur les onze heures, nous allâmes incontinent après dîner chez le Roi, où nous trouvâmes qu'il étoit déjà chez madame la Duchesse et monsieur le Connétable aussi, et n'en sortirent que sur les deux heures ; que monsieur le Connétable alla de là au conseil, de sorte que je n'eus moyen lui faire la révérence, parlant toujours de colère à l'un ou à l'autre. Je l'attendois sur l'heure de sa collation en sa chambre et y fus bien trois heures ; à la fin il n'y vint pas qu'à dix heures, et manda, deux ou trois devant, que sur peine d'injures il ne trouvât personne à sa chambre, de sorte que je ne l'ai point vu encore. J'espère que ce sera incontinent et vous écrirai plus amplement par monsieur le Commandeur. Je fis la révérence à monsieur de Guise, qui me fait fort bonne chaire. Je ne faillirai de voir monsieur le Cardinal de Lorraine et de Chatillon sitôt que je pourrai sortir de la chambre où je suis demeuré tout ce jour de dimanche, par la grande douleur de mon cautère, tant la nuit que le jour. Burgensis m'est venu voir deux fois. Du reste, Monsieur, je suis assez bien logé seul par les fourriers de monsieur le Connétable qui s'en va mercredi à Aufémont, comme j'ai su même par monsieur Lemoizier qui en vient, et m'est venu voir ici. Monsieur le Bailli du palais m'a dit qu'il ne sait si monsieur le Connétable retourneroit d'Aufémont avec le Roi ; on dit qu'il s'en va à la Fère au partir de là, et le Roi à Villers-Cotterets ou à Château-Thierry, mais on n'en sait rien au vrai ; pour le moins on tient pour que le camp ne s'assemblera pas auprès de Saint-Quentin plus tôt qu'à la fin du mois de juin. Vous avez de Cardinaux à la cour monsieur de Bourbon, de Lorraine, de Vendôme, de Tournon, de Châtillon, de Guise, qui a eu aujourd'hui le chapeau, et Farnèse, qui est arrivé à cinq ou six jours. Monsieur de Lorges apporta devant hier la conclusion, y étant mandé par le Roi, du mariage de monsieur d'Enghien et mademoiselle de Saint-Pol, lequel monsieur d'Enghien est déjà parti pour l'aller trouver, et le sieur de Saint-Just avec lui ; le mariage est accordé du fils de monsieur d'Urfé avec mademoiselle de Tendres. Des nouvelles d'Italie et d'Angleterre, vous en avez été si amplement certioré par mon cousin de Saint-Just, que j'attendrai les survenantes pour les vous écrire. Monsieur du Lude est fort fâché de sa fille morte depuis trois jours. Je crois, Monsieur, que voilà tout ce qui peut vous être écrit pour cette heure, j'espère vous satisfaire plus amplement par mes secondes lettres sur ce que m'avez demandé ; cependant, Monsieur, je me recommanderai toujours très-humblement à votre bonne grâce, et prierai Dieu vous donner très-bonne vie et longue (1).

De Compiègne, le xxi⁰ de mai.

Votre très-humble et très-obéissant fils,

A. Du Prat.

Et au dos : A Monseigneur, Monsieur le Prévôt de Paris.

ANTOINE DU PRAT A MONSIEUR DE NANTOUILLET,

PRÉVOT DE PARIS, SON PÈRE.

Son arrivée en cour ; bien accueilli du maréchal de Saint-André, du Connétable et de M. l'Amiral.—Mort du roi d'Angleterre.—Nouvelles de l'armée ; départ prochain du Connétable pour dresser le camp, entre Amiens et Abbeville. — Noms des seigneurs ici présents.

Compiègne, 14 juillet 1553.

Monseigneur, j'arrivai sur les quatre heures en cette cour, et je fis la révérence incontinent à monsieur le maréchal de Saint-André, que je trouvai fort à propos, lequel me fit fort grande chaire, me demandant comment vous portiez et quand vous viendriez trouver le Roi. Le soir même, je la fis aussi à

---

(1) Bal. 9037, 4, f⁰ 19.

monsieur le Connétable et à monsieur l'Amiral, avec recueil quasi comme de coutume, sans avoir autre propos avec monsieur le Connétable pour ce qu'il donnoit le pain au Roi, n'y ai depuis les affaires qu'il a toujours eues depuis la mort du roi d'Angleterre, qu'un homme exprès apporta au Roi le jour que je vins, de quoi le Roi porte aujourd'hui le deuil; et est déjà roi le *duc de Lancastre* (1). Monsieur de Carvoisin n'est point ici, il est chez lui, et ne sait-on point encore ici pour certain quand il partira ; les uns disent que ce sera dans dix ou douze jours, les autres qu'il attend à partir que les lansquenets ne soient venus ; je ne faillirai vous en écrire ce que j'en apprendrai tous les jours, attendant que monsieur le Connétable parte, qui sera comme on dit dans lundi, mais n'en sait rien au vrai. Il ira droit d'ici à Amiens et dresser le camp là ou à deux lieues d'Abbeville, et sera l'armée prête à la fin de ce mois, et le tient ainsi de la goutte. Il me semble que ce sera assez tôt d'envoyer quérir mon bagage quand nous partirons pour aller au camp, afin qu'il revienne me trouver là. Je n'ai pu apprendre autre chose en cette cour, qui est aussi petite et dépeuplée qu'il est possible, et sur ce écrivant, Monsieur, j'ai reçu la lettre de monsieur de Saint-Mesme nous ayant déjà écrit quant au premier point de la lettre, ce qu'il vous plairoit entendre devant que je l'eusse vue. Quant au propos de la guerre, il s'en tient moins ici que à Paris. De Hédin, ils ne le battent

---

(1) Edouard VI, mort le 6 juillet 1553, âgé de 16 ans, et la 7º année de son règne. Marie la Catholique, sa sœur consanguine, lui succéda, et non point le *duc de Lancastre*.

point, mais ils le minent tant qu'ils peuvent, et n'en a-t-on su autres nouvelles ; des seigneurs qui sont ici vous y avez monsieur de Guise, monsieur le Cardinal, son frère ; le cardinal Farnèse, le grand-prieur, le marquis d'Elbeuf, monsieur le cardinal de Bourbon, que j'avois oublié, et ne sont autres pour le présent. Quant au camp de l'Empereur, il ne se dit point qu'il y en ait un autre que celui de Hédin, où est pour lieutenant monsieur de Bégnicourt. Sa Majesté est ou vient à Saint-Omer. Depuis ces lettres écrites, j'ai entendu de quelques-uns que monsieur le Connétable s'en va lundi, et le Roi jeudi. Aujourd'hui le jeune Rochedumaine est venu devers monsieur de Vendôme, lequel est malade et a la fièvre, et dit-on que monsieur de Condé a défait auprès de Dampierre l'enseigne colonélle des Espagnols ; qui sera l'endroit, Monsieur, où je me recommande toujours très-humblement à votre bonne grâce, priant Dieu vous donner très-bonne vie et longue (1).

De Compiègne, le xive jour de juillet 1553.

Votre très-humble et très-obéissant fils,

A. Du Prat.

Et au dos : A Monseigneur, Monsieur le Prévôt de Paris.

---

(1) Bal. 9037, 4, f° 38.

ANTOINE DU PRAT A MONSIEUR DE NANTOUILLET,
PRÉVOT DE PARIS, SON PÈRE.

Nouvelles du Roi et de l'armée. — De la prise d'Hédin. — Morts et blessés notables. — Incertitudes du Connétable, etc.

Amiens, 23 juillet 1553.

Monseigneur, pour plus sûrement vous faire tenir la présente, je n'ai voulu faillir vous envoyer ce laquais, que j'ai estimé vous trouver encore à Paris, puisque vous avez, comme je crois, entendu comme le Roi ne viendra pas si tôt. Monsieur le Connétable arriva ici dimanche à dîner, avec fort bonne troupe et arrivant faire la montre de xvIII enseignes et de sa compagnie, et crois que pour attendre le reste tant de cavalerie que de gens de pied, et pour dresser le plus beau camp qu'il pourra, nous pourrons être ici sept ou huit jours. Je crois bien qu'avez su comme il reçut dimanche après dîner certaines nouvelles de Hédin par un soldat qui étoit dedans à la prise, et comme le duc Horatie est mort d'un coup de canon, monsieur de Martigues en danger de mort d'une arquebusade dans le ventre, monsieur de Bouillon et monsieur de Villars pris et point blessés, Dampierre mort, la Roche, Matignon et Mortemart prisonniers entre les mains du colonel de la cavalerie espagnole, point blessés.

Monsieur le Connétable ne sait pas bien encore ce qu'il doit faire. J'essaierai le savoir au vrai et vous l'écrirai incontinent. Ils disent qu'il attendra que les ennemis viennent assiéger quelques villes qui puissent être Dourlan pour y aller après, ou bien ne le faisant que nous en assiégerons quelqu'une. Monsieur de Rostaing a été détaché aujourd'hui vers le Roi, et ne sais pourquoi la Chapelle des Vesins est arrivé aujourd'hui ici fort aise, comme vous avez su, d'être réchappé pour quinze écus; qui sera l'endroit, Monsieur, où je me recommanderai très-humblement à votre bonne grâce, priant Dieu le Créateur vous donner très-bonne vie et longue (1).

D'Amiens, le xxiiie jour de juillet 1553.

Votre très-humble et très-obéissant fils,

A. Du Prat.

P. S. Depuis ces lettres écrites, j'ai su que le prince de Piémont, général de l'armée, est à trois lieues de Dourlan, et la vient assiéger où est, comme le savez, le vidame de Chartres.

---

(1) F. Franc., Baluze, cote 9037, p. 25. Fontanieu, 273, 274.

ANTOINE DU PRAT A MONSIEUR DE NANTOUILLET, PRÉVOT DE PARIS, SON PÈRE.

Il veut le tenir au courant des choses de la guerre. — Il remplit ses devoirs de religion autant que le lui permettent les circonstances. — Est fort bien venu du Connétable et de MM. ses enfants à la table desquels il mange. — Il loge avec Saint-Supplice. — Nouvelles de l'armée. — Noms des seigneurs qui ont joint M. le Connétable. — Faits de l'Empereur. — Détails divers. — Recommandations pour le petit seigneur de Saint-Supplice.

Saint-Miez, 7 octobre 15**.

Monseigneur, j'ai reçu la lettre qu'il vous a plu de m'écrire par ce présent porteur, et rendu grâces à Dieu de la bonne santé en laquelle il m'a assuré vous avoir laissé, et lequel me trouve fermant un paquet que je vous écrivois et que j'espérois vous faire tenir par le moyen de Davenel par lequel je vous mandois tout ce qui étoit pour lors, et n'est avenu que bien peu de chose depuis ce temps-là, vous assurant, Monseigneur, que vous saurez tout par cette présente, ce qui est du fait de cette guerre, ayant mis peine d'en apprendre et savoir quelque chose pour vous faire la plus ample lettre qu'il me sera possible, suivant votre commandement auquel Dieu me doint la grâce d'obéir toute ma vie, tant en cela qu'en toute autre chose, mêmement quant à ce que me commandez pour son service, auquel je m'acquitte non comme je dois, mais comme la commodité m'en est donnée. Quant à ce qu'il vous plaît savoir quelle chaire je reçois tant de monseigneur le Connétable que de messieurs ses enfants, je ne vous puis, quant à cela, autre chose dire, que comme de coutume qui se peut appeler bonne, Dieu merci, et les trouve le plus souvent que je peux et mange toujours avec eux à la table de monsieur le Connétable. Quant à loger, je suis pour cette heure tout seul : il est vrai que nous avons logé, Saint-Supplice et moi, comme de coutume. Quant aux propos qui sont tenus en table, ce n'est rien de la guerre ni d'autre chose de conséquence ni tout autre ; ailleurs non plus en est parlé. Ce seroit chose trop longue vous nommer par noms les seigneurs qui sont ici avec monsieur le Connétable ; des plus apparents il y a monsieur d'Aumale, le prince de Ferrare, les princes de Vendôme ; monsieur de Rohan y arriva l'autre jour, avec lui le sieur de Brézé. Vous y avez de chevaliers de l'ordre, monsieur d'Epinay, monsieur d'Estrée, monsieur de Sanssac et quelques gentilshommes de la chambre. Quant à ce voyage, il sera ce que l'Empereur fera, duquel on ne peut quasi avoir nouvelles ; toutefois les plus certaines nouvelles qui soient venues, où il est, c'est qu'il est à Spire, et ne sait-on où il va ; on avoit opinion qu'il viendroit assiéger Verdun, où pour cette cause est demeuré monsieur le maréchal de Saint-André avec bonne troupe, étant mal aisé à garder qu'à force d'hommes. Monsieur de Guise craignoit aussi l'avoir à Metz, comme dirent monsieur d'Aumale et le seigneur Pierre à monsieur le Connétable, qui le vinrent trouver venant de là en cette ville de Saint-Miez, et lui dirent, qui le coléra fort, qu'il demandoit huit mille hommes et deux mille chevaux, pour la garder ; je crois bien qu'il s'en faudra quelque chose, car monsieur le Connétable fera son camp le plus beau qu'il pourra. Il envoya ces jours derniers le sieur de Soubise vers monsieur de Vaudémont, à Nancy, pour savoir de lui sa volonté, qui est qu'il restera neutre et tiendra ledit Nancy, et qu'il se retirera vers nous, si l'Empereur lui demande aucune chose; ledit sieur de Soubise partit d'ici le IIIe de ce mois pour aller vers le Roi pour cette occasion. Le sieur de la Chapelle-Buiron fut l'autre jour dépêché et le sieur de Dampierre, pour aller vers le marquis de Brandebourg pour ce que nous ne pouvions accorder avec lui de la somme de l'argent. Je crois qu'il reçut bonne nouvelle et pense à ce qu'on dit qu'ils se verront devant que partir; ledit marquis a beaucoup nui à l'Empereur, lui brûlant ponts et bateaux par lesquels il avoit entrepris de passer et venir ici. Quant à mes grands chevaux et mon autre bagage, tout va bien ; Dieu merci, il n'en est point encore venu de faute. Au demeurant, Monseigneur, je ne vous puis plus dire sinon que je mettrai peine d'observer tout ce qu'il vous plaît par vos lettres me commander ; car quant aux nouvelles, il ne s'en peut savoir autre chose. S'il survient quelque chose digne de vous écrire de mon fait ou d'autre chose, je ne faillirai vous en écrire incontinent ; mais pour cette heure je ne vous en dirai autre chose tant pour ce qu'il ne vous plaît point m'en faire mention par vos lettres que aussi pour ce que monsieur de Saint-Mesme m'écrit que je ne vous mande rien où vous ne preniez plaisir. Monsieur de Carvoisin en tint quelques propos à monsieur le Connétable le jour qu'il partit à la cour. S'il y a quelque chose que je n'ai pu savoir, monsieur de Meudon et monsieur d'Alemay vous l'écriront, qui sera fin de cette présente.

Monseigneur, après m'être toujours très-humblement recommandé à votre bonne grâce, je prierai Dieu le Créateur qu'il vous doint en très-bonne santé heureuse vie et longue (1).

Écrit à Saint-Miez, le vii° jour d'octobre 15**.

J'ai trouvé ici le petit sieur de Saint-Supplice fort bon ami en mon endroit, le plus près aujourd'hui de monsieur le Connétable; j'ai à vous supplier quelque chose pour lui vers monsieur de Clermont, et ai oublié vous dire que nous prîmes congé du Roi et fûmes tous embrassés quand nous partîmes l'autre jour de la cour.

Votre humble et très-obéissant fils,
A. Du Prat.

ANTOINE DU PRAT A MONSIEUR DE NANTOUILLET, PRÉVOT DE PARIS, SON PÈRE.

Il a reçu sa lettre par M. de Seneterre. — Entre la nuit dans Metz avec une bonne troupe. — Le duc de Guise bien accompagné est arrivé de Verdun le 26 octobre avec le Connétable. — Son peu d'argent. — Gentilshommes déjà blessés. — Prise de M. d'Aumale.

Metz, 12 novembre 1553.

Monseigneur, je reçus en cette ville de Metz la lettre qu'il vous plut m'écrire par Champaignac le iii° de ce mois, le-

---

(1) Bal. 9037, 4, f° 63.

quel ne me l'apporta pas, pour ce qu'il n'eût su comment il vous peut avoir dit. Mais me la donna monsieur de Seneterre qui entra de bonne troupe ici de nuit avec le danger que pouvez savoir, étant lors les ennemis à la vue de la ville et en ont toujours depuis approché, qui a été sans quelque escarmouche qui seroit longue à vous écrire par le menu. Nous n'attendons que l'heure qu'ils nous commenceront à battre et n'y a celui ici qui ne s'attende d'y faire sa pâque s'il ne meurt devant, et comme dit l'autre jour monsieur de Guise même, qui est accompagné de tous ses princes, vinrent de Verdun ici le xxvie d'octobre étant avec eux monsieur de Montmorency et monsieur de Danville, lequel monsieur de Montmorency est accompagné de tous ceux même qui étoient avec lui il y a justement un an. Je suis marri, Monseigneur, que je ne vous puis écrire ce qu'il me dit l'autre jour ici et beaucoup d'autres choses aussi de autres touchant mon fait. Je ne faillirai de demeurer ici avec ledit sieur tant qu'il y sera comme il vous plaît de m'écrire, et m'en irai avec lui quand il s'en retournera. Si une commodité que j'espère de trouver ne m'en empêche, je vous en dirai bien plus, mais je ne sais si ces lettres pourroient être vues, lesquelles, Monseigneur, je ne puis amplifier de nouvelles que ne sachiez mieux que moi. Quant à tous les autres points qu'il vous plaît de m'écrire, je ne faillirai d'y obéir entièrement. Quant à l'argent que j'ai, aujourd'hui je n'ai que cent et cinquante écus, sur quoi je donne trente-cinq écus d'une robe de loup; autrement, vu le froid d'ici, je serois mal en point; et le sieur de Brosse qui est ici me demande dix livres qu'il m'a prêtées en Piémont ; de sorte, Monseigneur, vu le temps que devons rester ici étant les choses si cher, d'autre seroit bon avec celui que j'ai, pouvant advenir avec cela mille autres inconvénients. Quant à monsieur d'Alègre, je ne l'ai point encore vu et pense qu'il ne soit point encore venu à Verdun, qui est tout ce que je vous puis mander pour le présent. Il y a force gentilshommes qui ont eu des arquebusades à ces escarmouches passées, qui sont : monsieur de Rochefoucault, le sieur de Brie, le sieur de Silly et le capitaine Laubios, qui en mourut soudain de la sienne ; les autres pourront avec le temps se guérir. Je ne vous manderai rien de la prise de monsieur d'Aumale, ni de ce qui advint pour lors ; je pense que le savez bien à cette heure, qui sera la fin de la présente, vous avoir dit que j'ai toutes les peines du monde de faire sortir ce porteur de nuit avec guide, n'ayant jamais pu trouver autres moyens.

Monseigneur, après m'être toujours très-humblement à votre bonne grâce recommandé, je prierai le Créateur qu'il vous donne en très-bonne santé heureuse vie et longue (1).

De Metz, ce xiiᵉ jour de novembre 1553.

Votre humble et très-obéissant fils,
A. Du Prat.

Et au dos : A Monseigneur, Monseigneur le Prévôt de Paris.

---

(1) Bal. 9037, 4, fº 21.

ANTOINE DU PRAT A MONSIEUR DE NANTOUILLET,
PRÉVOT DE PARIS, SON PÈRE.

Affaire avec Saint-Just. — Détails sur son ménage —Sa dépense de chaque jour. — Nouvelles du camp.— Le Roi et le Connétable.—Mort de Curton.

Du camp devant Renty, 13 août 1554.

Monseigneur, j'ai reçu les lettres qu'il vous a plu m'écrire par mon laquais, lequel je n'eusse failli vous renvoyer incontinent, comme vous me commandez. n'eût été que nous en sommes encore là. Le sieur de Saint-Just n'a point encore montré les papiers au Vigean. Il lui a bien dit, les lui demandant, qu'il les verroit un de ces jours que nous serions plus de loisir, et vous dire la vérité, Monsieur, je trouve les choses fort refroidies, et ne puis deviner de quel côté ; pour le moins, le sieur de Rostain et moi nous plaignons fort le sieur de Saint-Just pour y être le plus négligent et fantastique qu'il est possible, et avons opinion qu'il a tout gâté. Je me suis bien gardé de leur montrer le papier qu'il vous a plu faire mettre au net et m'envoyer, car tant s'en faut que je m'en dusse contenter, qu'on m'a assuré qu'il y en a beaucoup qui feroient difficulté de se contenter de celui que je demande, et pour raisons qui seroient longues à écrire ; qui me fait vous supplier très-humblement, Monsieur, ne le trouver point mauvais. Si s'en fait autre chose ces jours-ci, je ne faillirai vous l'écrire incontinent et amplement. Quant à ce qu'il vous plaise savoir de mon ménage, tout va bien,

Dieu merci, je n'ai que trop de gens qui ne firent jamais pire et dépensent beaucoup. Ma dépense monte par jour, l'un portant l'autre, à trois écus. Je n'ai plus aujourd'hui que quatre-vingts écus de mon argent. Il est vrai que j'ai rendu au sieur de Chastigneraye dix écus qu'il me prêta au camp d'Amiens. Je vous renvoie les papiers de Voguedemard qui eut l'autre jour, étant aux tranchées avec monsieur l'Amiral, une arquebusade. Je ne l'ai point vu depuis. J'ai toujours été près de monsieur le Connétable, qui a demeuré ces jours-ci jusqu'à minuit dans les tranchées. Au demeurant, Monsieur, vous savez bien comme on bat ce château par trois côtés de trente-quatre pièces et la force de lui. Il aura aujourd'hui l'assaut, étant la brèche raisonnable, et se tiendront le Roi et monsieur le Connétable ce pendant en bataille devant l'ennemi qui est campé à notre vue pour la lui donner s'il veut rien dire; et quant à ce qu'il vous plaît entendre de ma santé, Monsieur, je l'ai assez bonne, Dieu merci et vous. Néanmoins j'ai toujours des douleurs qui me font mal penser de moi, touchant ma maladie passée.

Je crois, Monsieur, que avez incontinent su la mort de monsieur d'Entragues de peste à Montreuil, dé quoi messieurs de Guise sont fort marris, qui est tout ce que je vous puis mander pour le présent, sinon que j'ai baillé les lettres au sieur de Rambouillet incontinent. Monsieur, je me recommanderai toujours très-humblement à votre grâce et souvenance, et prierai Dieu le Créateur vous donner très-bonne vie et longue.

Du camp devant Renty, le xiiie jour d'août 1554.

Je crois, Monsieur, que avez reçu une lettre que je vous écrivis dernièrement par un chaussetier du pont Saint-Michel. Le sieur de Saint-Just vous a écrit sans m'en parler jusqu'à présent (1).

Votre très-humble et très-obéissant fils,
A. DU PRAT.

Monseigneur, depuis cette lettre signée nous avons fait ni plus ni moins que vous vîtes à Valenciennes, présenter la bataille à l'ennemi duquel on a défait à la vue du Roi, dix ou douze enseignes, et apportées à Monsieur le Connétable.

On n'espère que la mort de Curton pour onze arquebusades à cette rencontre. Il en est mort des leurs une infinité de soldats (1).

Et au dos : A Monseigneur le Prévôt de Paris.

ANTOINE DU PRAT A MONSIEUR DE NANTOUILLET, PRÉVOT DE PARIS, SON PÈRE.

Nouvelles de l'armée. — Il est logé près de M. de Mandosse. — Est fort bien accueilli du cardinal de Lorraine, etc.

Poix, 12 mai 1555.

Monseigneur, suivant ce qu'il vous a plu me mander par ce porteur, je n'ai voulu faillir le vous renvoyer de ce lieu

---

(1) Bal. 9037, 4, f° 33.

de Poix où Messieurs sont arrivés ce jourd'hui partant de Beauvais, et iront demain coucher à Abbeville, où nous séjournons onze jours et de là nous renvoyer à Laleu avec les plus amples nouvelles que je pourrai. Sur cette présente, je vous dirai seulement que mon homme n'est point ici ni nouvelles qu'il y vienne. Quant à l'homme de R., j'ai, sans faire semblant de rien, parlé à lui de logis. Ils sont logés, lui son frère et beau-frère, ensemble. Nous avons jusqu'ici logé fort près l'un de l'autre, monsieur de Mandosse et moi chacun son logis, et serons toujours tout seuls. Le promettent les fourriers auxquels j'ai promis onze écus qui est quasi ce que je dépense par jour au meilleur ménage qu'on peut faire. J'ai reçu bonne chère de monsieur le Cardinal de Lorraine qui est aussi bien accompagné d'évêques que M. le Connétable d'autre noblesse, qui sera l'endroit que je prierai Dieu le Créateur, Monsieur, après m'être toujours très-humblement recommandé à votre bonne grâce, vous donner très-bonne vie et longue (1).

De Poix, le XIIe mai 1555.

Votre très-humble et très-obéissant fils,
A. DU PRAT.

Et au dos : A Monseigneur, Monsieur le Prévôt de Paris.

---

(1) Bal. 9037, 4, f° 29.

ANTOINE DU PRAT A MONSIEUR DE NANTOUILLET,
PRÉVOT DE PARIS, SON PÈRE.

Pourparlers d'arrangements de sa querelle avec le sieur de Mortemart, entre le sieur de Rostaing, Saint-Just et le Vijean. — Faits divers.

Du camp devant Crèvecœur, 1ᵉʳ août 1553.

Monseigneur, depuis mes dernières lettres écrites, le sieur de Rostaing m'a fort parlé de mon fait duquel il me semble ne vous avoir assez amplement écrit dernièrement, qui est cause que je n'ai voulu faillir vous envoyer ce laquais, et par cette lettre vous en faire un plus ample discours. Et pour commencer, Monsieur, je vous dirai que, ces jours passés, le sieur de Rostaing (qui m'a prié vous écrire le tout amplement) m'accosta comme marchions en bataille et me tint ce langage :

Le Vijean m'a prié ces jours derniers, sachant qu'étiez arrivé en ce camp où est votre ennemi que regardions ensemble, s'il y auroit moyen de vous faire amis, ayant votre ennemi très-grande envie d'appointer ; et lequel voyant que n'avez voulu accorder pour commandement que vous en fait le Roi, sans qu'il vous ait contenté et satisfait par paroles suffisantes, a prié le Vijean de me dire, ou bien il vient du Vijean même, que je sache de vous ce que demandez par écrit pour satisfaction, afin de regarder s'il y a ordre de le lui faire dire, vous assurant que pour garder votre droit, je ferai ce qu'un bon ami doit faire, et pour ce qu'il ne seroit pas bon qu'ils me vissent ainsi formalisé pour vous, faisons que le sieur de Saint-Just soit requis du Vigean de s'en mêler, et il tiendra la main haute pour vous en ce que vous demandez. Ce qui a été fait et a parlé ledit sieur de Saint-Just au Vijean, et dit choses trop longues à écrire, auquel il n'a point montré mon papier écrit de la main de Phelippes que je vous envoie, mais bien au sieur de Rostaing qui y a adjoint à mon avantage ce que voyez à la fin réglé et écrit de ma main, et en a ôté ce que je ne dirai pas, qui est rayé. Je vous envoie et le sale et le net pour connaître la différence. Et m'a dit le sieur de Rostaing qu'il a fait cela ainsi rigoureux et sur quoi je m'obstinerai longtemps, à icelle fin que voulant en y diminuer, le moins qu'il fait soit d'accorder le mien premier, autrement rien. Et m'a conseillé comme je voulois faire de vous envoyer ce laquais pour savoir par ce que me manderez ou par lui ou par autre, votre intention et ce qu'il vous plaît suivant ce me commander de faire, ou de me tenir au premier qui sera présenté fait du sieur de Rostaing, et n'en faire autre chose quoi qu'il refuse, ou à la fin de me contenter de celui écrit par Phelippes, et devant que d'avoir votre réponse, je n'ai point voulu. Comme aussi a été d'avis le sieur Rostaing que le papier ait été présenté au Vijean, qui est tout ce que je vous en puis mander pour le présent.

S'il vous plaisoit, Monsieur, écrire un mot au sieur de Rostaing et au sieur de Saint-Just pour y tenir et continuer cette bonne opinion de tel appointement et main haute pour moi, le fait n'en pourroit que mieux aller, comme je vous en supplie très-humblement.

Monsieur, des nouvelles de ce camp, il est impossible

vous en mander beaucoup. Nous allons demain camper à deux lieues d'ici pour faire comme l'année passée présenter bataille à l'ennemi et la donner s'il veut; s'il se retire, nous en revenir. En attendant, je ne laisserai rien passer que je ne le vous mande. Au reste, Monsieur, je n'aurai point d'argent de Vaguedemare ni d'Apchon, continuant sa méchanceté de me le nier et ne m'en a pas voulu faire cédule. Mais j'ai un moyen pour le faire venir à la raison que je vous dirai, mais que je vous vois. Cependant, Monsieur, je supplie très-humblement me mander comme j'en dois user, et de Vaguedemare aussi, et de tout le reste de ma lettre.

Monsieur, je ne veux oublier de vous mander que mon cousin de Bérusse me dit ces jours passés qu'il vous avoit parlé de l'envie qu'il avoit d'être à la compagnie de monsieur de Guise et que lui dites que seriez bien aise s'il en pouvoit être; se fiant à cette bonne volonté-là, il m'a prié d'en parler à monsieur de Guise, ce que j'ai fait, pensant que vous n'en seriez point marri, lequel après m'avoir embrassé me l'a donné aussi libéralement qu'il est possible en votre nom et faveur, mais qu'il ait fait le serment qui sera dans onze jours, il vous en remerciera très-humblement par lettres.

Monsieur, je me recommande toujours très-humblement à votre bonne grâce et souvenance, et prie Dieu le Créateur de tout mon cœur, vous donner en parfaite santé très-bonne et très-longue vie (1).

---

(1) Bal. 3097, 4, f° 23.

Du camp devant Crèvecœur, le premier jour d'août 1553.

    Votre très-humble et très-obéissant fils,
      A. DU PRAT.

Et au dos : A Monseigneur, Monsieur le Prévôt de Paris.

MONSIEUR DE MONTMORENCY A ANTOINE DU PRAT,
SEIGNEUR DE NANTOUILLET, PRÉVOT DE PARIS, ETC.

Au sujet de la querelle de A. du Prat, son fils, et du jeune Mortemart, qu'il mettra soin d'arranger en ménageant l'honneur de chacun. — Blessure du fils de Montmorency laissé prisonnier et conduit à Saint-Omer, et de là sans doute à Bruxelles, vers l'Empereur.

    Saint-Germain, 22 juin 1553.

Monsieur de Nantouillet, parce que le jeune Mortemar est venu ici et que je désire, pour votre repos, mettre fin au différend d'entre votre fils et lui, j'ai avisé de vous faire la présente pour vous, pour que vous ne failliez de me l'envoyer afin que je les regarde de les mettre d'accord chacun avec son honneur, où vous pouvez être assuré que je n'omettrai une seule chose pour la conservation de celle qui vous touche par conséquent, ainsi que vous connoîtrez par effet. Cependant je ne veux oublier de vous dire que ce soir, est arrivé en ce lieu, le maréchal-des-logis de la compagnie de mon fils, comme je crois aurez déjà entendu avant la réception de ma présente, qui m'a porté nouvelles qu'il l'a laissé prisonnier sans danger de sa personne, blessé seulement au bras et un coup sur la cuisse qui n'est pas grand'chose, Dieu merci, comme il m'a assuré, dont je vous ai bien voulu avertir, sachant très-bien que vous en serez très-aise de la joie et plaisir que j'ai reçus, qui est ce que pour cette heure je vous puis écrire, sinon que a été même prisonnier à Saint-Omer, en délibération de le conduire à Bruxelles, vers l'Empereur, priant Dieu qu'il vous donne, Monsieur de Nantouillet, ce que plus désirez (1).

De Saint-Germain en Laye, le XXIIe jour de juin 1553.

Votre bon ami,

Montmorency.

Et au dos : A Monsieur de Nantouillet, gentilhomme de la Chambre du Roi, et Prévôt de Paris.

ANTOINE DU PRAT A MESSIEURS DE MONCEAULX ET LE COQ

Consultation médicale.

Nantouillet, 9 décembre.

Messieurs, vous entendrez s'il vous plaît les raisons pourquoi j'envoie mon apothicaire présent porteur vers vous,

---

(1) Bal. 9037, 4, f° 50.

vous priant bien fort suivant la fiance que j'ai en vous y penser, et faire pour moi comme je voudrois faire pour vous en autre endroit, vous avisant au demeurant, Messieurs, que depuis quinze jours que je suis ici de retour, je n'ai jamais eu santé entière, mais au contraire toujours langui, me trouvant une heure bien et l'autre mal, et mêmement la nuit que je suis tourmenté de cette douleur de rate, douleur sourde et pesante, avec infinité de jugulations et ventosités en ladite rate, laquelle depuis deux jours et mêmement hier, cette nuit et ce jourd'hui, m'a plus fait de mal que de coutume, me rendant perpétuellement l'haleine fort courte et le pouls si sépulte que la plupart du temps il ne se peut trouver en façon du monde et ne faut admettre que ayant cette douleur de rate, j'ai chaleur extraordinaire, non toutefois que cela ni ladite douleur ainsi pesante me gardassent de dormir. Mais étant ainsi, il est impossible qu'il me prenne envie de dormir, de façon que souvent je passe les nuits entières sans dormir un seul quart d'heure ; et sur ce, s'apaisant un peu ladite douleur, me prennent mes contractions partout les membres qui me déplaisent fort. Le pire que je vois est que, combien que je me sois purgé de la rhubarbe ordonnée et deux ou trois clystères et que je sois autant sobre et réglé, tant en mon boire, manger que autres choses, si est que cette peine et mal de côté augmentent de sorte que je doute et crains fort que ladite rate soit endommagée, à quoi je vous supplie adviser. Quant au surplus de ma personne, je sens et connois fort bien que la grande règle dont j'use me sert et aide beaucoup, et n'ai rien pour cette heure que je craigne ni que me fasse mal comme cette dite rate, chose que je sens ; de sorte que je sens s'il n'y est promptement remédié, je ne la pourrai pas longuement porter et pour ce que je vous supplie, Messieurs, y aviser et me mander vos avis de ce que j'ai à faire, et s'il sera besoin que je vous voie à Paris, ou que monsieur le Coq prenne la peine de venir ici, ou bien que ce porteur m'apporte quelque remède et soulagement, soit par applications extérieures ou par médecines intérieures, attendant ces fêtes de Noël que j'irai à Paris, si plutôt n'êtes d'avis que je parte. Quant à mon vertigot, qui me prit lourdement il y a huit jours à ma vue et à mon oreille, je ne vous en écris rien pour ce que tout cela ne sont que roses pour cette heure, auprès de cette rate, et sur ce, Messieurs, après vous avoir recommandé ma santé et moi à vos bonnes grâces, je prierai Dieu vous donner bonne vie et longue (1).

De Nantouillet, ce jour IXe décembre.

Messieurs, j'avois bien oublié le principal, pire et plus dangereux de mon affaire, qui est un battement de cœur qui me prend aussitôt après la douleur et fluxion de rate ; lequel battement de cœur me rend si foible et débile que me tenant, je n'ai connaissance du monde de mon pouls.

Votre meilleur ami,
A. DU PRAT.

Et au dos : A Messieurs de Monceaulx et le Coq, à Paris.

---

(1) Bal. 9037, 4, f° 73.

LE MARQUIS DE SAINT-ANDRÉ (1) A ANTOINE DU PRAT, SEIGNEUR DE NANTOUILLET, BARON DE THOURY, PRÉVOT DE PARIS, ETC.

Il lui demande pour Jehan Robert, gendre de Taveau, le greffe de sa terre de Thoury, vacant par la mort de feu Jehan de Morelles.

Blois, 8 janvier.

Monsieur de Nantouillet, j'ai été averti que le greffier de la châtellenie de votre terre de Thoury, depuis quelque temps vacant par le trépas du feu M° Jehan Morelles et pour ce que un nommé Jehan Robert, gendre de feu monsieur Nicolas Taveau, désire avoir moyen de vous faire service, comme a fait son beau-père, au fait de vos papiers, terrier de votre dite terre de Thoury, ainsi qu'il m'a fait entendre; je vous ai bien voulu écrire la présente et vous prier lui vouloir donner ledit greffe pour l'amour de moi, et ce qui me fait vous en écrire privement est l'assurance qu'on m'a donnée du moyen qu'il a de vous faire service.

Aussi qu'il est parent de l'un de nos plus prochains serviteurs, vous aviserez au demeurant d'en faire de même en mon endroit et de disposer de ce qui est en ma puissance comme du vôtre. D'aussi bon cœur que je me recommande

---

(1) Jacques d'Albou, dit le marquis de Saint-André, maréchal de France en 1547, tué à la bataille de Dreux en 1562.

à votre bonne grâce, priant Dieu, Monsieur de Nantouillet, vous donner ce que plus désirez (1).

De Blois, ce VIIIe jour de janvier.

Votre entièrement meilleur ami,
Saint-André.

Et au dos : A Monsieur de Nantouillet, gentilhomme ordinaire de la Chambre du Roi.

---

(1) Bal. 9037, 4, f° 145.

CATHERINE DE MÉDICIS, ANNE DU PRAT,
ET JEHAN D'AVOST.

Je ne puis répéter ici que ce qui a été dit bien des fois et ailleurs.

François du Prat, petit-fils du Chancelier, auteur de la branche de Thiers et de Viteaux, baron de Thiers en Auvergne, de Formeries en Picardie, chambellan du duc d'Anjou, épousa Anne Séguier. « Elle mérite, » dit la Croix du Maine, le sort dû à celles qui servent » d'ornement à la France, pour être une des accom- » plies dames de l'esprit et du corps que l'on puisse » voir. Ce qu'elle publie assez par ses doctes discours, » témoins de l'exacte connaissance qu'elle a de l'his- » toire et de la poésie françaises, en laquelle elle s'est » fort honorablement acquittée, nous ayant fait part » de plusieurs beaux livres chrétiens accompagnés de » dialogues en prose, de Vertu, Honneur, Plaisir, For- » tune et Mort. Elle florit cette année 1584 (1). »

---

(1) *Bibliothèque française*, t. I, p. 119.

François du Prat et Anne Séguier eurent pour enfants Antoine du Prat, qui continua la lignée, Philippe du Prat, dame d'Acy en Valois, mariée à Clément de Cosnac : la Croix du Maine, en sa *Bibliothèque françoise*, et l'*Histoire littéraire des Dames françoises*, l'ont également célébrée. Enfin le troisième fruit de cet arbre fécond, la plus belle perle de cet écrin précieux, fut Anne du Prat, fille d'honneur et confidente de la reine Catherine de Médicis. Après avoir parlé selon les exigences du degré et les droits de la primogéniture de Madame du Prat d'abord, de Philippe du Prat ensuite, Lacroix du Maine dit enfin d'Anne du Prat :
« ..... Je m'assure que tous ceux qui ont eu cet heur
» de la voir et discourir avec elle, sont d'accord avec
» moi que la nature s'est étudiée à produire en elle ce
» qu'elle avoit de plus beau et recommandable ; car
» ayant été instruite dès ces premiers ans ès-lettres
» françoises et latines, elle montre combien Minerve
» et le chœur Aonide lui ont été favorables. De quoi
» je pense moi-même témoigner pour le lui avoir vu
» effectuer, et plusieurs autres grâces et gentillesses
» capables de remplir un juste volume. Elle florit
» cette année 1584 et n'a encore fait le public parti-
» cipant des belles compositions de son divin esprit (1). »

L'*Histoire littéraire des femmes françoises*, réunis-

---

(1) *Bibliothèque française*, t. 1, p. 26.

sant en un seul éloge les trois mérites comparables et cependant distincts de la mère et des deux filles, dit d'elles, à la page 119 du t. Ier : « C'est ici le lieu de
» placer le nom de plusieurs autres femmes savantes...
» Je me contente de vous les indiquer, et je commence
» par Anne Séguier, qui épousa en premières noces
» François Duprat, baron de Thiers, et en secondes
» noces M. de la Vergne. Elle a laissé des *poésies*
» *chrétiennes*, précédées d'un dialogue en prose, dont
» les interlocuteurs sont la Vertu, l'Honneur, le Plaisir,
» la Fortune et la Mort. — Anne Séguier eut deux filles
» de son premier mariage, qui possédoient les langues
» grecque et latine et furent très-estimées pour leur
» science à la cour de Henri III. »

Anne du Prat, d'abord fille d'honneur, puis dame d'atours de la reine Cathreine de Médicis, jouit auprès de cette Princesse du crédit que lui assuroient l'étendue de son esprit et la réalité des services diplomatiques et secrets qu'elle lui rendit. Elle épousa Honorat Prévost, chevalier, seigneur de Chastellier-Portault, de Bressigny, de la Ferté, etc., gentilhomme ordinaire de la Chambre du Roi, lequel mourut sans enfants en 1592.

Le côté réellement littéraire et poétique de sa relation, fut le commerce et l'amitié qu'elle entretint avec Jean d'Avost (*alias* Jérôme d'Avost), officier de la reine Marguerite de Navarre, première femme de Henri IV, et fille de Catherine de Médicis. Il étoit natif de Laval.

Il avoit fait des vers pour demander Philippe du Prat en mariage. Tout son amant qu'il étoit, il étoit en outre adorateur d'Anne du Prat sa sœur. Dans cette concurrence ou plutôt dans cette harmonie et dans ce concert d'un culte partagé entre elles et cependant complet pour toutes les deux, l'évidence et la célébrité de sa passion appartenoient à Philippe, sa délicatesse et son respectueux mystère s'adressoient à Anne. La confidence en parvint plus tard au public par l'impression de ses œuvres. Leur mérite principal consiste en leur rareté : et c'est là le côté qui les a sauvées de l'oubli auquel les condamnoit leur médiocrité. Jean d'Avost traduisit, soit du grec, soit de l'italien, plusieurs ouvrages dont il affoiblit plus qu'il ne rendit la valeur. Les seuls dont le souvenir rentre dans mon sujet sont les *Sonnets du divin Pétrarque avec quelques autres poésies de l'invention de l'auteur.* Il les dédia à Anne du Prat, qui avoit mis une tendre préoccupation à le servir dans cette entreprise. Il écrivit et publia encore : *Poésies en faveur de plusieurs illustres et nobles personnes* : elles sont entremêlées d'essais poétiques dus à la plume d'Anne du Prat, et la plupart, de celles qui s'adressent aux coutumières du Pinde et habituées de la cour ont Anne du Prat pour objet.

Catherine de Médicis ne cessa point d'honorer cette dame d'une estime et d'une amitié particulières. Elle l'employoit quelquefois à ses messages secrets près des Rois ses enfants. Après la mort de cette grande princesse, Anne appartint à titre de dame d'honneur à Marguerite de France, reine de Navarre, femme du roi Henri IV. Celle-ci lui continua la confiance et les bontés dont la Reine sa mère lui avoit donné l'exemple, et dont elle-même depuis longtemps éprouvoit le penchant. En l'an 1597, elle lui octroyoit la somme de *six vingts écus comme don et en mémoire d'importants services*. Et ce par l'entremise de M. Auguste Provet, conseiller du Roi, receveur général de ses finances (1).

Philippe du Prat, femme de Clément de Cosnac, mourut en 1678 : les actes et les documents de famille ne m'ont point encore informé de la date du décès d'Anne du Prat sa sœur. Mais ce qui reste de ses entretiens, de ses œuvres, de celles de la baronne de Thiers, leur mère à toutes les deux, indique que si l'amour, que si les délicatesses et quelquefois les prétentions de l'esprit occupèrent ses loisirs et furent les jeux auxquels s'exercèrent chastement sa plume et son esprit, que si les habiletés, les tumultes et les soins de sa politique, les intrigues de la Cour et de son temps furent l'emploi de son existence, elle entretint son regard et sa pensée dans l'étude et dans l'habitude du terme auquel elle devoit aboutir.

---

(1) Original en parchemin aux archives de la famille, écrit de la main de la reine Marguerite.

CATHERINE DE MÉDICIS AU ROI HENRI III.

Elle l'informe des qualités d'Anne du Prat; elle la lui recommande, et l'invite à s'ouvrir à elle en toute confiance.

10 mars 1583.

Monsieur mon fils, je vous fais ce mot et vous l'envoie par ma fille d'honneur, Anne du Prat, en qui j'ai fiance et qui vous dira ce que je ne pourrois vous écrire en ce temps de calamité et d'espionnage. Vous pouvez de même lui dire sans crainte tout ce qu'avez à m'apprendre. Car c'est une personne sûre et qui m'est très-dévouée. Elle est discrète et pleine d'esprit et de bon entendement. Vous pouvez donc discourir avec elle sur toutes choses sans défiance; pouvant vous assurer qu'elle me le dira fidèlement. Cette jeune personne ayant été instruite ès lettres françoises et latines, comprend aussi l'italien et l'espagnol. Vous pouvez donc lui parler en ces sortes de langues s'il se trouvoit près de vous quelques gens indiscrets. Je le lui ai commandé, et vous prie, mon fils, de la favoriser en ce qu'elle aura besoin de vous; vous savez que c'est chose que j'affectionne pour les miens fidèles serviteurs comme est Anne du Prat dont vous ai déjà entretenu autrefois, ce qui me fait croire que vous l'affectionnerez aussi, puisqu'il y va de mon contentement. Sur ce, prie Dieu vous faire la grâce de bien vous garantir et vous bien conserver. Adieu (1).

Votre bonne mère,

CATHERINE.

A Monsieur mon fils,
HENRY, Roi de France.

ANNE DU PRAT A MESSIRE JEHAN DAVOST,
OFFICIER DE LA REINE.

Elle lui envoie des manuscrits de Pétrarque, qu'elle tient de la reine Catherine de Médicis.

Ce 8 mai 1583.

Je sais, Monsieur, la haute estime que vous avez conçue pour la gloire de Pétrarque. Comme j'ai ramassé tout ce qui m'a paru de plus ingénieux et de plus conforme au goût d'une âme honnête, je n'ai pas cru pouvoir mieux adresser ce recueil de pièces choisies qu'à celui qui s'estime heureux de lier sa vie à celle de cette glorieuse muse qui a écrit si délicatement. Il n'y a personne que je sache qui puisse mieux connaître que vous le prix de ce recueil, ni juger plus sainement les productions de ce grand et excellent poëte que

---

(1) Original aux archives de la famille.

vous avez entrepris de traduire en notre langue. Au reste, j'estime que c'est entrer dans les sentiments de ce grand poëte, qui a puisé chez nous, en notre langue dis-je, ses expressions les plus tendres, et ayant préféré autrefois la solitude de la France à la cour des Princes d'Italie, il ne faut point douter qu'il ne préférât maintenant le langage françois à celui qui lui étoit favorable. Je tiens toutes ces pièces de poésies manuscrites des mains de notre vénérable reine Catherine de Médicis qui me les donna à cause de quelque service que je lui ai rendu et connoissant mon amour pour nos muses. Elle les apporta avec ce qu'elle trouva de plus précieux en son dernier voyage d'Italie. Adieu donc, Monsieur, faites-en bon usage et suis bien sincèrement votre très-humble servante (1).

ANNE DU PRAT.

---

(1) Original aux archives de la famille.

ANTOINE DU PRAT ET GABRIEL SIMÉONI.

On a peu parlé de Gabriel Simeoni ; l'histoire est demeurée silencieuse sur son compte : la biographie elle-même s'est montrée laconique à son endroit. Il méritoit mieux. Pourtant Moréri l'a mentionné dans son Dictionnaire, et M. de Angélis, sous les auspices de M. Michaud, a, dans un excellent article, tiré parti des témoignages rendus à sa carrière de soixante et un ans, par l'allemand Mencke, en ses *Dissertationes litterariæ*, par Manni, dans ses *Veglie piacevoli*, et par Tiraboschi, dans sa *Letteratura italiana*. Je ne ferai pas mieux que mes devanciers, mais je ferai plus en citant textuellement une part de sa correspondance avec Antoine du Prat, seigneur de Nantouillet, prévôt de Paris, etc., lequel, ainsi que Guillaume du Prat, évêque de Clermont, l'un et l'autre fraternellement protecteurs des savants et des lettres, furent deux de ses Mécènes les plus fidèles et les plus puissants. Gabriel Simeoni, toscan, naquit en 1509. Dès sa septième année, il fut accueilli par le pape Léon X comme

un jeune prodige, et dès sa vingtième la république de
Florence l'avoit distingué et admis dans les conseils
et les missions de sa diplomatie. Il fut le collègue de
Donato Giannotti, secrétaire de la République. Côme Ier
les employa en quelques délicates négociations. Mais,
tandis que Giannotti, récalcitrant aux vues ambitieuses
des Médicis, alloit chercher à Venise, où il mourut,
le repos et la liberté, Simeoni, que les caprices de son
caractère, la curiosité de ses recherches et la témérité
de ses travaux astrologiques rendoient suspect à la République et à l'Inquisition, vint demander à la France
un refuge contre les revers qui l'avoient poursuivi.
Il lui consacra les talents que, soit comme ingénieur,
soit somme littérateur, il retiroit à la patrie où fut
son berceau, pour les offrir à la seconde patrie où il
choisissoit son asile et désiroit son tombeau.

Ce fut pendant l'un de ses séjours en France et
sous les auspices de Guillaume du Prat, évêque de
Clermont, qu'il visita l'Auvergne. Alors la ville du
Royat dut à ses plans la conduite des eaux qui l'arrosent et la désaltèrent encore aujourd'hui. Il ne fallut rien moins que quarante-trois années et le concours de deux savants, produits, le premier (Pierre
Guichon) par les Pays-Bas, et le deuxième (Gabriel
Simeoni) par la Toscane, pour parfaire ce travail, auquel se refusoit la nature, que l'art avoit anciennement accompli, mais que les guerres et les désordres
avoient ruiné presque de fond en comble.

Artiste et littérateur, après avoir été savant, Simeoni dédia quelques-unes de ses pages aux charmes de cette Auvergne qu'il avoit parcourue. Il consacra surtout à Royat le tribut de son souvenir. Il chanta en italien les nymphes de ses fontaines; puis, ayant concouru au bienfait et à la difficile merveille de leur direction, il grava sur la lave de ses volcans, en octobre 1558, une inscription commémorative de sa passion pour ce lieu et de son succès dans le travail qu'il avoit entrepris (1).

Cheminant toujours par ces montagnes et ces vallées dans lesquelles l'amitié lui donnoit un gîte et lui servoit de guide, Gabriel Simeoni parvint au château féodal de Polignac, élevé sur les ruines du temple d'Apollon : et là sa main d'artiste écrivit sa devise grecque (2) sous le masque du dieu que son habile curiosité avait découvert. En outre, il traça le dessin et écrivit la description de ce qu'étoit au seizième siècle ce monument inclinant déjà vers la décadence et la ruine.

Gabriel Simeoni aima la Cour du roi François Ier. Pour entrer davantage dans sa faveur, il ne se fit point scrupule de dédier ses premiers vers à la duchesse d'Etampes, sa belle maîtresse. Celle du roi Henri II, la duchesse de Valentinois, obtint plus tard

---

(1) M. Em. Thibaud : *Guide en Auvergne*, p. 200 et 334.
(2) *Eudokia* : bonne volonté, bienveillance.

de sa plume et de sa muse des hommages tout pareils. Il reçut et perdit tour à tour les pensions que lui avoit values son encens. Le dépit qu'il en conçut le ramena en Italie. Les dangers qu'il y courut par la nature de quelques-uns de ses travaux, les rebuts dont il souffrit par les dispositions de son humeur et par les susceptibilités de sa vanité froissée, tournèrent une seconde fois ses yeux et son cœur du côté de la France, où, du moins, s'il avoit subi la contradiction d'un sort inconstant, il n'avoit jamais enduré les persécutions d'une fortune ennemie. Cette inégalité de la destinée étoit d'ailleurs le fruit de ses propres œuvres. Hautain, variable, exigeant, orgueilleux, il avoit peine à se fixer par les bienfaits, à modérer son ambition, et à établir son existence là où de hautes bienveillances lui proposoient le repos.

Dans ses courses en Italie, il fut à Ravenne. Devant le tombeau du Dante, il osa se comparer à lui. Il fut à Plaisance, et sollicita du duc Pierre Farnèse les distinctions qu'en avoit reçues l'Arétin. Son ambition n'obtint point de telles récompenses. Elle ne lui donna point cette immortalité à laquelle il aspiroit, et qu'il se vantoit de distribuer à son gré par un mot de sa bouche ou par un vers de sa plume. L'Angleterre, vers laquelle il se dirigea, ne fut pas plus favorable à sa fortune! La France demeura toujours le refuge vers lequel il ramena ses pas, soit qu'il eût été vexé par une humiliation, atteint par un revers ou menacé par un péril.

Cependant Simeoni suivit en Piémont le prince de Melfe, grand seigneur napolitain de la maison Carracciolo, autrefois général illustre de l'armée de Charles-Quint. Défait et prisonnier après des combats héroïques, il n'avoit rencontré chez son souverain qu'une ingratitude poussée jusqu'à l'excès du refus de payer sa rançon. Un trait semblable le dégageant de toute fidélité, il s'étoit loyalement donné à son vainqueur. François Ier, qui avoit éprouvé le mérite de ce glorieux ennemi, ne tarda pas à le connoître au titre de vaillant serviteur. Il le fit maréchal de France, chevalier de son ordre, gouverneur général en Piémont, etc... Ce fut à cette illustre carrière que Gabriel Simeoni entreprit d'attacher son sort. Le prince de Melfe mourut, et M. de Brissac, son successeur en Piémont, refusa de continuer au poëte et à l'astrologue errant la protection que lui accordoit son prédécesseur.

Carracciolo, fils du duc de Melfe, occupoit alors le siége de Troyes. Ce prélat étoit à la fois savant et bouillant : savant d'une science qui le conduisit à l'erreur, et bouillant d'une ardeur qui le mena presque à la démence. Lorsqu'en 1544 l'Empereur, cet ancien maître toujours ingrat et toujours haï du prince de Melfe son père, étoit venu à Paris, l'évêque Carracciolo n'avoit point hésité à organiser deux corps d'armée, l'un d'écoliers, l'autre de moines, au nombre de 12,000 hommes, dont la discipline et les exercices mis sous les yeux de l'impérial étranger l'avoient confondu par l'aspect des ressources inépuisables de la France, et par là preuve de l'esprit patriotique dont ses enfants étoient animés.

Ce fut à ce fils de son ancien protecteur que Simeoni revint attacher sa fortune, mais ses doctrines inclinées vers le protestantisme l'avoient mis en lutte avec son chapitre. Leur persévérance l'exclut du cardinalat : enfin leur égarement obstiné l'éloigna de son siège auquel il dut renoncer. Gabriel Simeoni le suivit dans ses erreurs. Tandis que le prélat étoit condamné par son clergé et par ses diocésains à une rétractation solennelle et à l'abdication de sa mitre, Simeoni étoit jeté dans les fers, et couroit des dangers plus graves encore. A ce jeu d'un esprit subtil contre la foi, à cette lutte d'un dévouement aveugle contre la vérité, il avoit aventuré sa fortune et sa vie.

Par contraste et par inconstance, ou peut-être par réparation de ses erreurs, il suivit Guillaume du Prat, évêque de Clermont, au concile de Trente : puis, en 1556, il se retira à Lyon. Il accompagna la Cour en quelques-uns de ses voyages. Il suivit François de Lorraine, duc de Guise, en plusieurs de ses campagnes. Lorsque les grands l'éloignoient d'eux, il montoit plus haut encore et s'adressoit aux astres, cherchant dans l'astrologie judiciaire les promesses que lui refusoient les Princes, et des secrets supérieurs à ceux que la politique et l'amour ne vouloient plus lui confier.

Cette science, à laquelle il s'étoit passionnément livré, lui avoit inspiré de prendre pour blason cabalistique trois étoiles et un croissant, astres qui, disoit-il, avoient présidé à sa naissance, et planète dont la phase, ainsi représentée conservoit l'influence qu'elle avoit exercée sur lui dès le premier jour où elle l'avoit éclairé et favorisé.

Il avoit, en outre pris pour devise, ce mot grec, ΕΥΔΟΚΙΑ (bienveillance, bonne volonté), qui ne dit pas toujours le véritable esprit de son commerce et de ses relations, mais qui du moins indiqua le sens et le zèle qui présidèrent à ses travaux.

Antoine du Prat, seigneur de Nantouillet, prévôt de Paris, fut, comme je l'ai dit plus haut, un des protecteurs de Gabriel Simeoni ; les lettres qui suivent sont le fruit de la confiance et de la bienveillance qu'il témoignoit au Florentin. Guillaume du Prat, évêque de Clermont, Antoine du Prat cinquième du nom, prévôt de Paris comme l'avoit été son père, se distinguèrent aussi par la protection qu'ils accordèrent à ses travaux, à son esprit, à ses malheurs.

Après des labeurs multipliés dont le fruit fut, selon leur occasion ou suivant ses inconstances, publié à Lyon, à Venise surtout, à Paris, à Anvers et ailleurs, après s'être occupé de la Bible et des Métamorphoses d'Ovide, de César et de François Ier, d'épigrammes et de devises, de Provence et d'Auvergne, de comètes et de présages, de prose et de vers, de littérature et d'histoire, de belles et de héros, des Médicis et des Valois, il revint à son Italie. Ce fut à Turin qu'il passa les dernières années de sa vie, et qu'en 1570 il mourut paisiblement sous le règne et sous les auspices d'Emmanuel Philibert de Savoie.

GABRIEL SIMÉONI A ANTOINE DU PRAT,

SEIGNEUR DE NANTOUILLET, PRÉVOT DE PARIS.

Nouvelles diverses. — Le Roi quitte Anet pour l'Isle-Adam avec le Connétable. — Son indisposition causée par les mauvaises nouvelles de l'ennemi. — L'ambassadeur de Transylvanie. — Il regrette que M. de Nantouillet ou son fils ne soient pas près du Roi en ces tristes circonstances.

Isle-Adam, dernier avril 1554.

Monseigneur, les nouvelles de la Cour sont telles : le Roi aujourd'hui est parti d'Anet et va coucher à Mantes, et mercredi pour le plus tard sera à l'Isle-Adam, là où est arrivé ce jour même Monsieur le Connétable qui, demain au matin, va dîner à Ecouen et le même soir retournera coucher à l'Isle-Adam, pour y recevoir le Roi avec madame la Connétable. Les chevaux de monsieur d'Aumale ont couché aujourd'hui au Bourget et lui est arrivé à la Cour Samedi passé le Roi fut malade, ainsi que je vous écrivis par Pierre, mais la cause de sa maladie ne fut pas celle de la chasse, ains pour avoir eu nouvelles que les ennemis avoient occupé un pont près des marais de Sienne et y faisoient un fort afin d'empêcher que nos secours de mer ne pussent approcher de Sienne. Joint que don Ferrand venoit d'Allemagne, menant avec soi quelque nombre de lansquenets, et le duc de Florence renforçoit son camp de quatorze mille hommes dont soudainement ont été dépêchés sept personnages ou capitaines de la Cour, en poste, entre lesquels est Scipion, Rambouillet et autres et le colonel Chiaramonte, demeurant à Turin, fait maréchal de camp de toute l'infanterie italienne. Thomas del Vecchio s'y en va, et l'ambassadeur même de Sienne y a été dépêché en diligence, dont se peut conjecturer que les affaires d'Italie sont à cœur au Roi.

Au malheur de ces nouvelles s'est joint que le bruit est que le fils de l'Empereur passe avec trois cents voiles de Tage, remplies d'Espagnols, et la Reine d'Angleterre le va rencontrer et recevoir avec douze mille hommes au port de Cornouailles ; fort mauvaises nouvelles pour nous, si elles sont véritables. A la Cour sont plus de quatre-vingts capitaines françois, qui attendent d'heure à heure expédition. Dieu veuille qu'elle soit profitable! et le Roi est bien aise, pour ce que je puis comprendre, que ses bons serviteurs soient à l'entour de lui, pour les employer au besoin chacun selon sa vacation. Le Maréchal de Brissac s'est mis en campagne et le Roi lui envoie quatre suisses. A la Cour est venu un ambassadeur de la Reine de Transylvanie.

Je pense que ce soit pour quelque chose que le Turc lui

donne, et tout le monde est troublé de telle sorte que je juge bien heureux celui qui en est dehors et me semble que si vous ou monsieur votre fils fussiez à l'entour de notre Prince (ce que je dis avec la révérence et obéissance que je vous dois et tout pour l'obligation que j'ai à votre maison), que ce lui seroit fort agréable, car je vois maints gentilshommes qui sont à l'emprunt et n'ont de quoi se montrer comme vous avez, qui s'avancent tant qu'ils peuvent. Qui sera l'endroit où je finirai; le Créateur vous donne bonne et longue vie (1).

De l'Isle-Adam, le dernier avril 1554.

Votre très-humble serviteur,
Gabriel SIMÉONI.

L'édit à la fin a passé en la cour du Parlement.

Et au dos : A Monseigneur de Nantouillet, Prévôt de Paris.

---

(1) Créd. Franc., de Baluze, in-f° coté 9037, p. 17 ; Fontanieu, 273, 274.

GABRIEL SIMÉONI A ANTOINE DU PRAT,
SEIGNEUR DE NANTOUILLET, PRÉVOT DE PARIS.

Détails sur les voyages du Roi et de la Cour. — D'Offémont au camp. — Personnel. — Le cardinal de Tournon. — Le Connétable. — Nouvelles d'Italie. — La Corne. — Pierre Strozzi. — L'évêque de Tortone. — Le prieur de Capoue. — M. de Vassé, d'Aumale et Bussac. — Les Suisses et les lansquenets à Châlons-en-Champagne. — Les services près du Connétable et du Roi. — Pénurie d'argent.

Compiègne, 23 mai 1554.

Monseigneur, les nouvelles de la Cour sont telles que ce matin à sept heures, le Roi est parti pour aller à Offémont, d'avec lui le cardinal de Lorraine, Vendôme et Tournon, Bourbon et Guise. Deux heures après, est parti Monseigneur le Connétable avec le Cardinal de Châtillon, et après le dîner partira la Reine et le demeurant des dames. Le Prince de Ferrare et Nemours iront coucher à Saint-Lys pour aller à Paris, là où ils demeureront huit ou dix jours, à ce que m'a dit l'un des gentilshommes du Prince, et après iront trouver le Roi où il sera. Monsieur l'Amiral est demeuré ici je ne sais pas pourquoi. La Cour sera à Offémont cinq jours pour le moins; et combien qu'aucuns ayant été d'opinion que le Roi retournera ici samedi à cause que ils ont vu demeurer le garde des sceaux, toutefois, j'ai su pour vrai de la maison de la Reine qu'il n'y retournera autrement mais ira à Cusi et que la Reine le suivra toujours. Cependant que Monsieur le Connétable (ayant été quatre ou cinq jours à Fère), de là ira dresser le

camp à Saint-Quentin ou à Tigny, qu'un camp seul. Aucuns
autres sont d'opinion que le Roi ira à Reims en partant
d'Offémont ; toutefois il croiroit plutôt à la première
opinion, attendu que le dessein d'assaillir Cambrai ou
faire le guet en ce pays, se continue toujours. Ce nonobstant,
l'Empereur ne se bouge et semble que ce soit moqueries.
Somme que de ce voyage et du lieu pour dresser le camp
(pour en parler à la vérité), il n'y a personne qui en sache
la vérité, ni le Roi même comme il croit, attendu que
toutes nos actions et déliberations de par deçà dépendent
de celles de notre ennemi, dont je ne puis rien vous
écrire de certain en cet endroit. Le Cardinal de Tournon
gagne toujours, puis pour faire connoître au monde qu'il
est pour retourner en son premier crédit, et le Roi et
Messieurs de Guise lui font fort bonne chaire par ce que
j'en ai vû devant hier après dîner à la chambre du Roi, là
où cependant ledit seigneur donnait audience à l'homme
qui a rapporté le chapeau à Guise ; le Cardinal d'un côté
lisoit une lettre italienne de quatre ou cinq feuillets, donnée
à Bruxelles, par ce que j'ai pu connoître, étant derrière
ledit Cardinal, et combien que en moi-même j'ai incontinent pensé que c'étoit un artifice de lire ainsi une lettre
en la chambre du Roi, pour dire me voilà, qui sais toutes
les nouvelles et qui fais toutes les menées. Si ai-je vu
après que le Roi eut donné audience à l'autre, qu'il a
appelé ledit Cardinal, ensemble celui de Lorraine et
M. de Guise, et ont été tous quatre à deviser des affaires
plus de deux heures, étant déjà M. le Connétable parti
de la pour aller au conseil ; de la faveur duquel personnage je ne m'ébahis point, en considérant comme il

n'épargne rien pour avoir l'avis de maints gens de bien italiens qu'il entretient honorablement avec lui, et leur fait du bien spirituel et temporel, selon les qualités des personnes, sans donner tout à un seul et ne faire compte des autres.

Hier vinrent nouvelles de Sienne qu'Ascanio de la Corne, neveu du Pape, prisonnier dans Sienne, machinoit de s'enfuir, et que, ayant été découvert par Pierre Strozzi, il a fait pendre sept ou huit de la ville à ce fait. Et nonobstant que le duc de Florence a de l'Empereur une assignation de trente-cinq mille écus sur le royaume de Naples pour entretenir tous les mois vingt mille hommes en campagne. Si est-ce qu'il a envoyé devers ledit seigneur l'Évêque de Tortone, lui faisant entendre qu'il n'en peut plus, ni plus longuement soutenir un tel fardeau, ayant taillé, pillé, rançonné et volé dans Florence, aux lits des maisons, de plus grands aux plus moindres, pour trouver argent. Laquelle faute sera cause d'une plus grande pour Sienne et pour nous, attendu que comme désespérés ils donneront le guet (s'ils ne l'ont déjà donné), tout à l'entour de Sienne. Quant au prieur de Capoue, il n'y a rien plus certain qu'il fait rage en la mer de Corsique, de quoi le Pape a été tant fâché, qu'il a cuydé enrager, avec les plus grandes menaces du monde, mêmement qu'il y a quarante voiles du roi d'Alger sur mer, pour venir à Marseille et s'aller joindre à celles du prieur.

Si je ne vous l'ai écrit par ma dernière lettre, je vous avise que M. de Vassé a été absous et réintégré en son état, touchant les crimes que le Président de Salusse lui mettoit sus; et de fait, il s'est fort humilié à Monsieur le Connétable depuis un mois en cela.

Il y a quelque bruit que Monsieur d'Aumale pouvoit aller en Piémont, *loco alterius*, donnant couleur à la matière que le Roi vante Brissac pour le conseil duquel (*omnibus circumspectis*), il me semble que les hommes ont plus grand besoin que d'autre chose.

Nos suisses et nos lansquenets sont à Châlons en Champagne, en nombre vingt mille et autant de gens de pied François que Gascons et autres.

Monsieur votre fils se portera bien comme j'espère avec l'aide de Dieu et à ce que lui a ordonné *Burgensis* (1).

Ce matin je me suis présenté à Monsieur le Connétable, le remerciant de l'argent qu'il m'a fait donner, et le suppliant de m'employer, touchant à la réformation de quelque chose que je lui ai mis en avant, en lui remontrant que n'ayant autre vacation, ni armes, ni chevaux pour le suivre à la guerre, ces deux cents écus ne me dureroient guère et serions toujours à recommencer.

Il me répondit que le Roi et lui avoient trouvé mes inventions fort bonnes et profitables; néanmoins que ayant égard au temps où nous sommes, et la presse de la guerre, qu'il valoit mieux attendre pour ce faire, la guerre achevée, et que le Roi avoit bien envie de se servir de moi, et que l'argent qu'il m'avoit donné c'étoit pour m'entretenir, ou en suivant la Cour, ou là où il me plairoit pour plus ma grande commodité, pourvu que quand ils auroient à faire de moi, ils sachent là où je serois. Et que je ne faillisse pas de faire entendre audit Seigneur quelquefois de mes nou-

---

(1) Le médecin Burgensis.

velles, et voilà où je suis demeuré. Or je me suis déjà résolu de faire un voyage cependant jusque en Piémont, là où sans rien dépendre, je vivrai honorablement et pourrai faire quelque service au Roi en attendant que l'occasion de par deçà soit venue. Car de suivre la Cour ou le camp à grands frais, mon argent dureroit peu et lorsque j'en voudrois demander d'autre, le Roi en aura trop à faire; et me semble que je n'ai peu gagné d'avoir imprimé cette bonne opinion de moi en la tête de tels personnages et avoir moyens d'écus de m'entretenir en attendant que l'occasion soit venue et la guerre cessée. Qui est l'endroit où je me recommanderai bien humblement à votre bonne grâce (1).

De Compiègne, le XXIIIe de mai 1554.

    Votre très-humble serviteur,

        GABRIEL SIMÉONI.

Au dos: Seigneur, Monseigneur le Prévôt de Paris, à Nantouillet.

---

(1) Bal. 9037, 4, f° 47.

GABRIEL SIMÉONI A ANTOINE DU PRAT,
SEIGNEUR DE NANTOUILLET, PRÉVOT DE PARIS.

Bruits divers sur la guerre ou la paix. — Le jeune d'Allègre en Bourbonnois. — Touchant le camp — Les dames iront à Reims. — Révolte en Angleterre. — Le Roi d'Alger et le Turc. — Création de cent chevaliers moyennant finances.

Compiègne, 18 mai 1554.

Monseigneur, en réponse de votre lettre, je vous avise qu'il n'y a point de légat en cette Cour et ne fut uncques bruit qu'il y dût venir, et les affaires de trêves ou de paix vont si secrètes qu'il n'y a si bon cerveau qui ne fût bien empêché à en faire une vraisemblable conjecture : toutefois si y a-t-il je ne sais quoi de quelque espérance : mais des dépêches de la guerre et des capitaines en ont fait toujours et plusieurs jusques à cejourd'hui que a esté dépêché le jeune Allègre pour aller faire sonner le tambourin en Bourbonnois et Auvergne jusques au nombre de trois cents hommes. Quant aux camps, il est vrai qu'on a parlé de deux, l'un à Saint-Quentin, l'autre à Guise ; toutefois le bruit du premier continua plus que celui de l'autre, et dit-on que le Roi, à l'exemple de la Reine Marie, veut mettre cinq ou six mille avant-coureurs en campagne et brûler le plus avant qu'ils pourront. De partir n'a aucunes nouvelles certaines, combien que d'aucuns disent mardi ou mercredi prochains pour Reims. Monsieur le Connétable est parti ce matin pour aller à Offémont. Je pense pour accoister le logis pour y recevoir le Roi et reviendra ce soir; les dames suivront jusques à Reims, en cas que le Roi y aille, et le Cardinal de Tournon fera compagnie à la Royne, à la mode accoutumée, cependant qu'on dit que l'autre de Bourbon ira à Paris.

L'ambassadeur d'Angleterre fut fort longuement devant hier en secret conseil avec Monsieur le Connétable et parle qu'il y a quelque nouvelle révolte en Angleterre contre la Reine.

Il est arrivé ici un nommé la Sale, venant d'Alger, qui a porté nouvelle que ce Roy étoit parti bien armé pour venir vers Gênes en passant de Marseille, par quoy il fut hier expédié avec dix mille écus et cinq cents pour son voyage. On dit pareillement que le Turc vient ou envoie à Gênes et que le prieur de Capoue étoit à Port-Hercule vers les marennes de Sienne.

Le Roi a délibéré de faire cent chevaliers tout d'un coup à la mode de Rome, à savoir pour ceux qui se voudront annoblir, dont ils payeront chacun trois mille livres et en auront quatre cents de gage ordinaire.

C'est pour recouvrer trois cent mille livres tout promptement, qui est tout ce que je vous puis dire, me recommandant bien humblement à votre bonne grâce.

De Compiègne, le XVIIIe de mai 1554. Votre très-humble serviteur. Gabriel SIMÉONI.

P. S. Ledit argent m'a été incontinent délivré et fort joyeusement, et suis après pour demeurer toujours oisif.

L'adresse du camp pourroit être à Cambrai; toutefois

on ne sait certainement encore quand ni où sera le camp dressé.

Au dos : A Monsieur de Nantouillet, Prévôt de Paris.

GABRIEL SIMÉONI A ANTOINE DU PRAT,
SEIGNEUR DE NANTOUILLET, PRÉVOT DE PARIS.

Nouvelles de l'armée. — Le Prieur de Capoue. — Sortie de Pierre Strozzi contre l'ennemi. — Le cardinal de Ferrare. — Indisposition du Connétable. — Nouvelles diverses.

Compiègne, 24 mai 1554.

Monseigneur, après dîner, Pierre, présent porteur, m'est venu dire adieu, par quoi je n'ai pas voulu qu'il s'en retourne sans ces deux mots. C'est que depuis hier sont venues des nouvelles que le prieur de Capoue est entré dans Sienne, et Pierre Strozzi a derechef fait une sortie contre les ennemis qui retournoient pour reprendre un autre fort et leur a donné une grande bastonnade ; l'on attend d'heure en heure le retour de Scipion que le roi avait envoyé à Sienne pour faire entendre au cardinal de Ferrare qu'il lui feroit plaisir de se retirer à Rome, là où il lui pourroit faire

---

(1) De Baluze, in-f°, 9037, p. 44 ; Fontanieu, 273, 274.

plus grand service qu'étant dans Sienne. C'est une couleur pour l'ôter de là, ne pouvant accorder lui et Strozzi ensemble.

Il y a d'autres nouvelles : que le Turc envoie vers Gênes, et Monsieur le Connétable est un peu indisposé. Dieu le garde, car il viendroit fort mal à propos au temps que nous sommes.

Ce matin, on a fait les processions par la ville, là où ont été ensemble le Nonce du Pape et Garde des sceaux, et maints autres gentilshommes de la Cour. Monsieur l'Amiral ne bouge encore d'ici, et Monsieur le Maréchal s'attend d'heure en heure. Cependant que je m'apprête pour aller passer mon temps honorablement en quelque lieu, en attendant le temps commode pour parachever mes entreprises, qui sera l'endroit où je prierai le Créateur vous donner et bonne santé et longue vie (1).

De Compiègne, le XXIVe jour de mai 1554.

P. S. L'on dit que le camp sera dressé et le tout en campagne à Saint-Quentin le VI du prochain, autres disent le VIII, et nul en vérité ne sait le certain, sinon Dieu seul qui gouverne le tout.

Votre très-humble serviteur,

Gabriel SIMÉONI.

Autre *P. S.* Monseigneur, il vous plaira faire mes très-humbles recommandations à Monseigneur de Clermont.

Au dos : À Monseigneur de Nantouillet, Prévôt de Paris.

---

(1) Créd. Franc., Baluze, in-f°, 9037, p. 114 ; Fontanieu, 273, 274.

GABRIEL SIMÉONI A ANTOINE DU PRAT,
SEIGNEUR DE NANTOUILLET, PRÉVOT DE PARIS.

Nouvelles courantes. — Départ du Roi. — Le Connétable va disposer le camp de Saint-Quentin. — Les dames s'en vont à Château-Thierry et à Reims, etc.

Compiègne, le 26 mai 1554.

Monseigneur, sachant que le présent porteur devoit venir par devers vous, je n'ai voulu faillir de vous envoyer des nouvelles qui sont par deçà : mercredi au plus tard partira le roi pour Soissons, de là à la Fère et à Cussy, et Monsieur le Connétable qui se porte bien, autant que Monsieur de Guise fort mal, s'en ira dresser le camp à Saint-Quentin en partant de la Fère. L'on tient que les dames se retireront à Saint-Germain après s'être promenées avec le Roi à Château-Thierry et à Reims ; toutefois, je ne vous puis assurer d'une chose qui est incertaine dans le cœur de celui qui la doit faire, car, comme autrefois je vous ai dit, nos délibérations de par deçà dépendent de cette déesse ennemie, et par ainsi : *Non possumus de crastino cogitare.* Au demeurant, le roi d'Alger est arrivé de Marseille, et joint qu'il sera avec nos galères en passant devant Gênes lui fera une bravade, ira en Corse et de là à Sienne et à Naples. Cependant le Turc pareillement envoie armée et huit mille lansquenets descendant pour aller à Sienne. Le Cardinal de Guise ne bouge de cette ville, et tout huy a joué à la paume, et ceux de Lorraine, Vendôme, Bourbon, de Tournon et Farnèse sont à Tournon et ont joué toute la journée à palle-maille.

Monsieur votre fils se porte mieux, et je me recommande à votre bonne grâce (1).

De Compiègne, le XXVI mai 1554,

Votre très-humble serviteur,

GABRIEL SIMÉONI.

P. S. Le comte de Fontenela, après avoir été blessé d'une arquebusade à Sienne, longtemps en est mort, et son frère a eu la compagnie de cent chevau-légers.

Au dos : A Monseigneur de Nantouillet, Prévôt de Paris.

GABRIEL SIMÉONI A ANTOINE DU PRAT,

SEIGNEUR DE NANTOUILLET, PRÉVOT DE PARIS.

Nouvelles d'Italie et du camp de Saint-Quentin.

Compiègne, 28 mai 1554.

Post-Scripta. Il y a deux jours que m'ayant dit Monsieur de Thoury, qu'il vouloit envoyer à Nantouillet, je vous avois récrit ; ainsi vous verrez par l'autre mienne lettre ; après j'ai entendu que nos galères de Marseille avec celles du roi d'Alger, embarquent dix mille hommes entre lesquels sont la moitié Suisses, et en secourant Corsigne iront descendre ès marennes de Sienne à Port-Hercule, là où sont celles du prieur de Capoue. D'autre part Draguet, envoyé par le

---

(1) Baluze, in-f° 9037, p. 53 ; Fontanieu, 273, 274.

grand Seigneur avec grosse armée tirera vers le royaume de Naples, de manière ceci va en avant, l'Empereur se pourroit bien empêcher en Italie et le duc de Florence encore plus ; à l'ambassadeur duquel on dit que l'Empereur a répondu en lui demandant secours, qu'il fasse le mieux qu'il pourra parce qu'il a assez à faire par deçà. Toutefois si ne fait-il grands apprêts. Je ne sais à quoi il tient s'il n'est que tout son désir est de venir premièrement à bout des choses d'Angleterre ; le Prince de Salerne a envoyé l'autre jour un fort beau pavillon au Roi qu'il fait tendre à Fernon ; le département continue toujours pour mercredi à Soissons, à la Fère, Cussy et *circum circa*, et le camp dressé à Saint-Quentin, combien je pense qu'il n'y aura pas grand camp, attendu que l'Empereur ne fait compte de se montrer en campagne, mais seront ruinés d'avant-coureurs et brûlements de villages, ou assaillir quelques villes impériales, là où le Roi peut avoir quelque intelligence, et voilà ma conjecture.

Monsieur, s'il vous plaît, vous pourrez faire part de ces nouvelles à Monsieur de Clermont, et pendant que je me recommande bien humblement à votre bonne grâce, priant le Seigneur de vous donner en santé bonne vie et longue.

De Compiègne, le XXVIIIe de mai 1554,

Votre très-humble serviteur,

Gabriel Siméoni.

L'on a ôté le greffe à Villeroy,

Au dos : A Monsieur de Nantouillet, Prévôt de Paris.

---

(1) De Baluze, in-f°; 9037, p. 52 ; Fontanieu, 273, 274.

GABRIEL SIMÉONI A ANTOINE DU PRAT,
SEIGNEUR DE NANTOUILLET, PRÉVÔT DE PARIS.

Nouvelles diverses. — Le Roi fera le baptême et mariage de la fille du Connétable avec le neveu du cardinal de Tournon. — Le Roi avec la Reine ira de Compiègne à Saint-Germain. — Abbeville. — Passage du Prince d'Espagne en Italie.

Monsieur, hier au soir qu'il étoit bien nuit, l'Ambres revint de la Cour. Les nouvelles qu'il apporte sont : que le Roi, dimanche prochain, fera le baptême ; lundi, le mariage d'une fille de Monsieur le Connétable, et mercredi ou jeudi, le plus tard, viendra en cette ville, là où il fera quelques processions. Ce fait, s'en ira à Compiègne, accompagné jusque-là de la Reine, laquelle retournera à Saint-Germain pour y passer l'été, ce pendant que le Roi, à Abbeville, donnera ordre aux affaires de Térouanne et de la Picardie, dressant son armée pour icelle y être employée où bon lui semblera. *Præterea*, le prince d'Espagne (ce que je n'ai besoin que aucun sache), est passé en Italie avec dix mille Espagnols pour secourir son père, lesquelles toutes nouvelles, ou fausses ou véritables qu'elles soient, je vous ai bien voulu faire entendre et l'eusse fait dès hier au soir, s'il ne fût été trop tard, sachant le désir que vous avez d'en savoir par la commission que vous m'aviez donnée : que sera l'endroit où je prierai le Créateur vous donner en santé heureuse et longue vie. Le mariage susdit sera avec un neveu de Monsieur le Cardinal de Tournon, pour les causes que vous pouvez comprendre.

Par ce, votre très-humble et obéissant serviteur (1),

Gabriel SIMÉONI.

Et au dos : A Monsieur, Monsieur le Prévôt de Paris.

GABRIEL SIMÉONI A ANTOINE DU PRAT,
SEIGNEUR DE NANTOUILLET, PRÉVOT DE PARIS.

Itinéraire du Roi et de la Cour d'Offémont à Soissons, Fère en Tardenois. — Camp de Tigny. — Cussy. — Reims.

Compiègne, 30 mai 1554.

Monseigneur, nonobstant que par Pierre vous aurez toutes nouvelles, si est-ce que je n'ai voulu faillir vous avertir, comme hier au matin, parti Monsieur le Connétable, d'Offémont, ensemble. Monsieur de Guise, Aumale, l'Amiral et le Cardinal de Chatillon pour aller dîner à Soissons et coucher à Fère-en-Tardenois, là où ils seront jusqu'à dimanche, pour aller dresser le camp à Tigny. Le Roi est parti ce matin en poste pour faire le même voyage, et lundi se trouver à Cussy, là où la Reine ira coucher ce soir, étant ce ma-

---

(1) Bal. 9037, 4, f° 55.

tin partie d'Offémont, et de là, dit-on, que tout le monde ira à Reims. Hier vinrent nouvelles que les Dieppois avoient pris quelques navires flamands allant en Espagne au-devant du Prince; qui est tout ce que je vous puis dire pour le présent, me recommandant bien humblement à votre bonne grâce.

De Compiègne, le XXX° de mai 1554.

Monsieur le Garde des sceaux est encore ici et ne partira plus tôt que samedi.

Votre très-humble serviteur,

Gabriel Siméoni.

Et au dos : A Monseigneur, Monseigneur le Prévôt de Paris, à Nantouillet.

GABRIEL SIMÉONI A ANTOINE DU PRAT, SEIGNEUR DE NANTOUILLET, PRÉVÔT DE PARIS.

Nouvelles diverses d'Italie. — Madame de Valentinois. — Le Cardinal de Tournon. — Les Anglais. — Dîner que donne Madame.

28 avril 1559.

Monseigneur, l'occasion de votre homme que j'ai ren-

---

(1) Bal. 9037, 4, f° 51.

contré en cette Cour me présente que mon devoir est de vous écrire des nouvelles qui sont par deçà. C'est que au soir arriva ici Cartos, évêque de Riez, revenant d'Italie et dit que le duc de Florence a marié une sienne fille à un neveu du Pape, bâtard d'un sien frère, et que pour assiéger Sienne, le duc de Florence, Don Ferrand et autres Impérialistes sont une masse de trente mille hommes et Strozzi, d'autre côté onze mille hommes pour le renfort de Sienne, où demeurant nous sommes sur la même attente de la paix et nul n'est expédié. Madame de Valentinois fait grande chaire à tout le monde et a toujours le Roy, la Reine et le demeurant des héros.

Lundi, le Roi partira, et demain Monsieur le Connétable pour aller à l'Isle-Adam; lundi aussi on dit que sera ici Monsieur d'Aumalle qui aujourd'hui est à Châlons. Monsieur le Cardinal de Tournon est fort bien venu en cette Cour, et on m'a dit que le Roi l'a prié d'aller en Italie pour lui faire service; toutefois, aucuns autres disent qu'on ne sait pas s'il ira se tenir à Paris avec la charge qu'avait Monsieur le Cardinal de Bourbon, tandis que le Roi sera à la guerre, en cas dis-je qu'il la fasse faire, comme la plus grande partie des hommes espèrent. J'ai entendu que les Anglois ont tenu main qu'on ait pris quelques navires de France, qui seroit une fort mauvaise nouvelle. Toutefois, je ne vous baille la nouvelle pour vraie; le Roi courut hier si chaudement après un cerf qu'il ne prit point, qu'il en a été ce matin malade, et a désiré retirer dans sa chambre, et Madame a fait un festin dans son jardin à Messieurs les Cardinaux de Lorraine, d'Alby et Monsieur le Connétable; je suivrai demain ledit Seigneur, et aux champs ou en maison ferai une conclusion de galant homme avec lui, car ma bourse ne peut plus souffrir *tàm grave pondus spei, laboris et œstus*, qui sera l'endroit où je prierai le Créateur vous donner en santé bonne et longue vie (1).

De Anet, le XXVIII° d'avril 1559.

Votre très-humble et très-obéissant serviteur,
GABRIEL SIMÉONI.

Au dos : A Monseigneur de Nantouillet, Prévôt de Paris.

---

(1) Baluze, vol. 9037, in-f°, p. 15; Fontanieu, 273, 274.

MESSIEURS DU PRAT ET BRANTOME.

La maison de Bourdeilles à laquelle appartenoit Pierre de Bourdeilles, abbé de Brantôme, est une des plus illustres et antiques de la province de Guyenne. Répandus au delà de leur province, ils portoient sans contestation le titre de premiers barons du Périgord. Ils prétendoient que leurs ancêtres rivalisoient de bravoure chevaleresque à la cour de Charlemagne avec les aïeux de Messieurs de la Roche-Aymon, et ils ne consentoient pas à ce que leur Aymond et leur Angelin de Bourdeilles fussent de moins fière mine, en moins grande faveur et de moins bonne lignée, que le Guichard, l'Allard, le Menaud et le Richard, qui sont les auteurs des Marquis et Comtes de la Roche-Aymon. Ils soutenoient même que l'abbaye de Brantôme, fondée par Charlemagne, avoit été mise dès lors sous la protection de leur illustre maison.

Sans rejeter et sans admettre ce que disent à ce sujet les romans chevaleresques ou les féeries de cet âge reculé, qui n'hésitent point à soutenir ces hautes prétentions de paladins, on peut se contenter, pour l'honneur de Messieurs de Bourdeilles, de rencontrer leurs traces historiques dès le XI° siècle, dans des actes de fondations et d'hommages relevés par la *Gallia Christiana*.

Je ne dirai, je ne parcourrai même pas les alliances, contrats, témérités, gentillesses, successions et promesses qui firent la fortune et l'éclat de Messieurs de Bourdeilles, pendant les 500 ans qui séparèrent Hélie, seigneur de Bourdeilles, en 1044, de Pierre, abbé de Brantôme en 1558. Celui-ci, fils de François de Bourdeilles et d'Anne de Vivonne, mourut en 1614, âgé de 87 ans.

Il n'est pas besoin d'aller chercher la preuve de son mérite en dehors de ses œuvres, ni l'idée de sa biographie plus loin que les lignes qu'il en trace lui-même, et qui en forment le sommaire. Elles sont éparses dans sa Vie de Monsieur du Guast, dans celle de Strozzi, dans son discours sur Don Juan d'Autriche. « Dès lors, dit-il, au premier lieu que je com-
» mençai de sortir de sujétion de père et de mère et
» de l'école, je me mis à voyager aux voyages que j'ai
» faits aux guerres, et aux Cours dans la France,
» lorsque la paix y étoit, pour chercher aventure, fût
» pour guerres, fût pour voir le monde. En Italie, en
» Ecosse, en Angleterre, en Espagne et en Portugal,
» dont j'emportai l'habit de Christo, duquel le Roi de
» Portugal m'honora, qui est l'ordre de là. Etant tour-

» né du voyage du Pignon de Velez en Barbarie, puis
» en Italie, encore à Malte pour le siége, à la Goulette
» d'Afrique, en Grèce, et autres lieux étrangers, que
» j'ai cent fois mieux aimés pour séjour que celui de
» ma patrie etc... » A Malte, le voyageur avoit éprouvé le désir de s'enrôler dans la milice à la fois souveraine, chevaleresque et sacrée, qui acquit tant de lustre et d'éclat dans les guerres contre les infidèles : il y renonça, persuadé par les remontrances de Strozzi. « Je
» m'y laissai aller ainsi, dit-il, aux persuasions de
» mon ami, et m'en retournai en France, où, privé
» d'espérance, je n'ai reçu d'autre fortune, sinon que
» je suis été, Dieu merci, assez toujours aimé, connu,
» et bienvenu des Rois mes maîtres, des grands Sei-
» gneurs et Princes, de mes Reines, de mes Princesses,
» bref d'un chacun et chacune, qui m'ont eu telle
» estime que le nom de Brantôme y a été très-bien en
» grande renommée ; mais toutes telles faveurs, telles
» grandeurs, telles vanités et telles vanteries, telles
» gentillesses, tels bons temps s'en sont allés dans le
» vent, et ne m'est rien resté que d'avoir été tout cela,
» et un souvenir encore qui quelquefois me plaît,
» quelquefois me déplaît, m'avançant sur la maudite
» chenue vieillesse, le pire de tous les maux du monde,
» et sur la pauvreté qui ne se peut réparer, comme
» dans un bel âge florissant, à qui rien n'est impos-
» sible, me repentant cent mille fois des braves
» extraordinaires dépenses que j'ai faites autrefois. »

L'Ordre de Malte ne fut pas la seule des généreuses velléités qu'éprouva Brantôme et dont le détourna Monsieur de Strozzi son pacifique conseiller. « Hélas, » dit-il, parlant avec admiration, larmes et jalousie, du jeune et charmant héros de la bataille de Lépante ; « Hélas ! je n'y étois pas. Mais sans Monsieur de Strozzi
» j'y allois, tant pour un mécontentement que j'avois à
» la cour d'un grand, que pour faire ce beau voyage et
» voir cette belle armée : et résolûment j'y eusse été
» comme fut ce brave Monsieur de Crillon, car j'ai tou-
» jours aimé à voyager. Monsieur de Strozzi m'amusa
» toujours sur un grand embarquement de mer qu'il
» vouloit faire, et même il me fit commander par
» le roi Charles d'en être. Ainsi il m'amusa un an
» sans rien faire, au lieu que j'eusse fait le voyage et
» fusse retourné assez à temps pour m'y trouver,
» comme fit Monsieur de Crillon en ce bel embarque-
» ment de Brouage, qui ne nous prit point et ne nous
» servit que de ruine en nos bourses. »

L'attrait des œuvres, du langage et du personnage de Brantôme m'a entraîné à le laisser se peindre et se raconter par lui-même au delà du plan qui convenoit à cette notice. Un dernier mot complétera les documents par lesquels je voulois annoncer et précéder la lettre qui suit. Ce mot sera la preuve écrite par Brantôme lui-même, et en dehors de ma publication, des liens d'amitié qui l'unissoient à la maison du Prat. Guillaume du Prat, Baron de Viteaux, petit-

fils du Chancelier, étoit surtout favorisé de son intimité particulière. Dans son *Discours sur les duels*, dont il fut un des plus redoutés héros, il l'appelle « ce
» brave Baron : le parangon de France, qu'on nom-
» moit tel à bien venger ses querelles par grandes et
» déterminées résolutions : un des vaillants et déter-
» minés de la France... un terrible et déterminé exé-
» cuteur de vengeances, etc... » Après ces qualifications et le récit des faits qui les justifient, Brantôme nomme les illustres amitiés que le Baron avoit obtenues, et qui sont la compensation des haines qu'il avoit accumulées. « M. de Thou, premier Président, l'aimoit fort, » dit-il : et plus loin, parlant de sa querelle avec Monsieur du Gua, qui fut une de ses victimes, « tous deux raconte-
» t-il, étoient mes grands amis. » Enfin, après qu'ils furent tués l'un et l'autre, il se rabat sur la mémoire de Guillaume du Prat en ces termes. « Or, c'est assez
» parler de lui, que si je pouvois l'immortaliser je le
» ferois, tant pour ses mérites que pour la grande ami-
» tié qui étoit entre lui et moi, il y avoit quinze ans,
» et toujours bien nourris et entretenus par bons of-
» fices : aussi nous appelions-nous frères d'alliance... »

BRANTOME A MONSIEUR DE L'ÉTOILE.

Sur la mort de Madame de Bourbon, femme du Connétable. — Le Chancelier du Prat excite la duchesse d'Angoulême à épouser le Prince, devenu veuf.

Ce 8 novembre 1604.

Voici, Monsieur, un chapitre des galanteries de la Cour de François Ier en général, et du Chancelier du Prat en particulier. La femme du Connétable, comme vous l'ai déjà dit, mourut en couches au mois de mai 1522, et ne lui laissa point d'enfants. Le Chancelier du Prat n'en fut pas plutôt averti, qu'il alla trouver la Comtesse d'Angoulême, et la félicita sur ce que le Ciel venoit de lui ouvrir un moyen pour engager le Connétable à l'épouser par intérêt, puisqu'il avoit refusé de le faire par inclination. Il lui apprit ensuite qu'elle étoit la plus proche héritière de la défunte, parce que la Connétable étoit fille de Pierre de Bourbon, et que la Comtesse étoit fille de la sœur de ce Duc, dont il conclut qu'il espéroit lui en faire recueillir la succession en donnant atteinte au mariage du Connétable et à l'ancienne substitution de la maison de Bourbon. Ce qui faisoit agir le Chancelier du Prat n'étoit pas tant le désir de plaire à la Comtesse, quoiqu'il n'en laissât échapper aucune occasion, que l'envie de se venger du refus qu'avoit fait le Connétable de l'accommoder d'une terre d'Auvergne proche de sa maison de Verrières, où il étoit né. Cependant la Comtesse le remercia de même que si elle lui eût été redevable de tout le bonheur qu'elle attendoit pour le reste de sa vie. Le Chancelier du Prat se chargea de fournir les mémoires nécessaires pour l'instruction du procès. Mais la Comtesse, avant que de le commencer, voulut faire une dernière tentative sur l'esprit du Connétable. Elle se fondoit sur ce que le Prince aimoit naturellement le bien et l'épargne, quoiqu'il fût magnifique dans les occasions d'éclat, et que, s'étant marié pour devenir riche, il pourroit bien se remarier pour conserver ses richesses. Ce qui n'empêcha pas le Chancelier du Prat de faire intenter en son nom et de poursuivre le procès de la succession de Bourbon, duquel vous entretiendrai une autre fois pour vous dire une petite aventure. Vous savez que le Roi François I*er* passant le carême en son château de Meudon, et comme à l'ordinaire y tient sa petite cour galante avec la Duchesse d'Étampes et les dames de la petite bande de cette Duchesse, dont l'une joua un jour un tour fort drôle au Chancelier du Prat : je vous le conterai à l'oreille dans une autre lettre. Le courrier étant prêt à partir, je ne puis vous en dire plus. Adieu (1).

BOURDEILLE, Seigneur de Brantôme.

(1) Original aux *Archives de la amille*.

MESSIEURS DU PRAT ET MICHEL DE MONTAIGNE.

Monsieur le Baron Feuillet de Conches a, dans un beau livre intitulé *Lettres de Michel de Montaigne*, etc., dit, on ne sauroit mieux, le sauroit-on même aussi bien ?... tout ce qui se peut chercher, découvrir et réciter sur cet illustre philosophe et magistrat. Il se propose d'en répéter les pages avec des améliorations que son esprit et sa plume peuvent seuls concevoir et accomplir, dans son troisième volume des *Causeries d'un curieux*. Ce mot de préambule aux deux lettres qui suivront, est donc une simple explication de mon silence sur Montaigne, et un hommage justement rendu au docte et patient historien de sa personne et de son époque. Je dois à l'honneur de mes lettres de dire qu'elles ont été publiées par Monsieur Feuillet de Conches. En place de la primeur qu'il leur a enlevée, il leur a prêté une saveur en tout point préférable à la qualité que j'ai sacrifiée. L'autorité de sa critique et le parfum de ses commentaires répandus sur chacune de leurs lignes en a doublé le prix. Il me reste seulement à ajouter sur ce sujet quel étoit le personnage auquel Montaigue adressoit ses récits.

Il se nommoit Antoine du Prat, V⁰ du nom, Seigneur de Nantouillet et de Précy, Baron de Thiers et de Thoury sur Allier. Il étoit petit-fils d'Antoine du Prat, Chancelier de France, etc. Il étoit fils d'un autre Antoine du Prat, IV⁰ du nom, chevalier de l'ordre du Roi, gentilhomme de sa Chambre, Prévôt de Paris en 1547, marié à Anne d'Alègre, Baronne de Viteaux, celle-ci fille de François d'Alègre et de Charlotte de Châlons, comtesse de Joigny et baronne de Viteaux.

Antoine du Prat, le correspondant et l'hôte de Montaigne, en même temps qu'il étoit l'ami et le beaufrère du Président de Thou, avoit épousé Anne de Barbançon, fille de François de Barbançon, Seigneur de Cany, et d'Antoinette de Wavrin de Waziers.

Le 19 février 1553, Antoine du Prat, V⁰ du nom, devint Prévôt de Paris à la place de son père : il fut en outre chambellan du roi Charles IX. Il mourut en 1589.

Gaspard du Prat, nommé dans la première lettre de Montaigne, est le même dont il est question dans le récit des massacres de la Saint-Barthélemy, inséré plus loin, et dont je dirai suffisamment quels étoient la branche, le rang, le degré dans la maison et dans la parenté du Chancelier du Prat, comme aussi j'ajouterai quelle étoit l'illustre maison à laquelle appartenoit sa femme. Ce sont des sujets sur lesquels je m'abstiens de m'étendre ici, pour citer au plus vite les deux lettres auxquelles Monsieur le Baron Feuillet de Conches a donné leur meilleure et principale notoriété.

MONTAIGNE A ANTOINE DU PRAT, SEIGNEUR DE NANTOUILLET, PRÉVOT DE PARIS.

Il l'entretient des massacres et exécutions des religionnaires à Nérac, Castel-Jaloux et Bazas, et notamment de la mort de la femme de Gaspard du Prat.

Je vous entretins, Monsieur, par ma dernière lettre, des troubles qui ravagèrent l'Agenois et le Périgord, où notre ami commun Mémy, saisi prisonnier, fut mené à Bordeaux et eut la tête tranchée. Je veux vous dire aujourd'hui que ceux de Nérac ayant, par l'indiscrétion d'un jeune capitaine de leur ville, perdu de cent à six-vingts hommes dans une escarmouche contre quelque troupe de Monluc, se retirèrent en Béarn avec leurs ministres, non sans grand danger de leurs vies, environ le quinzième jour de juillet, auquel temps ceux de Castel-Jaloux se rendirent, duquel lieu le ministre fut exécuté à mort. Ceux de Marmande, Saint-Macaire et Bazas s'enfuirent aussi, mais non sans perte cruelle, car incontinent fut pillé le château de Duras et fut forcé celui de Montségur-Villette, où il y avoit deux enseignes et grand nombre de gens de la religion. Là, toute cruauté et violence furent exercées le premier jour d'août, sans avoir égard à qualité, sexe, ni âge. Monluc viola la fille du ministre, lequel fut tué avec les autres. J'ai l'extrême douleur de vous dire que c'est dans ce massacre que se trouva enveloppée notre parente, la femme de Gaspard du Prat, et deux de ses enfants. C'étoit une noble femme que j'ai été à même de voir souvent lorsque j'allois dans ces contrées, et chez qui j'étois toujours assuré d'avoir bonne hospitalité. Bref ne vous en dis plus tant cejourd'hui, car ce récit me cause peine douloureuse, et sur ce, prie Dieu vous avoir en sa sainte garde. Ce 24 août (1).

Votre serviteur et bon ami,
MONTAIGNE.

MONTAIGNE A ANTOINE DU PRAT, SEIGNEUR DE NANTOUILLET, CONSEILLER DU ROI, PRÉVOT DE PARIS.

Exposition philosophique des trois freins qui doivent modérer la puissance absolue du souverain.

MONSEIGNEUR,

Vous désirez savoir de moi comment le Roi doit entretenir les trois freins par lesquels la puissance absolue est réglée. Voici mon sentiment. Et premièrement touchant les trois

---

(1) Original aux *Archives de la famille*.

freins dont je vous ai déjà parlé en ma précédente missive, par lesquels la puissance absolue du prince et monarque, laquelle est appelée tyrannique quand on en use contre raison est refrénée et réduite à civilité, et par ainsi est réputée juste, tolérable et aristocratique, je dis derechef que le Roi ne peut faire chose plus agréable, plus plaisante et plus profitable à ses sujets, et plus honorable et louable à lui-même, que d'entretenir lesdites trois choses par lesquelles il acquiert nom de bon Roi, de très-chrétien, de père du peuple et bien-aimé, et tous autres titres que peut acquérir un vaillant et glorieux prince. Tel est mon doloir et avis. Sur ce, prie Dieu, Monseigneur, vous donner en santé bonne et longue vie (1).

Ce 22 de novembre 1582,
    Votre Serviteur,
                                MONTAIGNE.

---

(1) Original aux *Archives de la famille*.

MESSIEURS DU PRAT ET MONSIEUR DE THOU.

La maison de Thou est originaire de Champagne ; on l'attribue souvent à la province de l'Orléanais, parce qu'elle y transplanta l'une de ses branches. Dès le XIVe siècle, sous le règne de Philippe de Valois, Jean de Thou étoit seigneur du Bignon, près la ville d'Orléans.

Ce fut là que Silvestre son fils, et Jean son petit-fils, contractèrent alliance dans le courant du même siècle, avec Pierrette Compaing et Pasquette du Bey, dont le père et le frère étoient successivement honorés de la prévôté d'Orléans. Deux Jacques de Thou suivirent, lesquels persévérèrent dans le choix qu'avoient fait leurs pères, imitèrent leur fidélité à la patrie qu'ils avoient adoptée et que leurs heureux et féconds mariages avoient confirmée. Ils exercèrent l'échevinage d'Orléans. Le second, Jacques, prit une part signalée au siége de cette ville en 1428 ; il épousa Marie Viole, d'une famille appartenant par ses distinctions et ses services au même sol, et dont le Chancelier du Prat avoit aidé et avancé les ancêtres lorsqu'ils étoient attachés aux requêtes du Palais et prévôts des marchands de Paris.

A la sixième génération de celles dont je fais ici l'analyse, un troisième Jacques de Thou, avocat général en la Cour des aides, épousa Geneviève le Moine, et fut le premier de ce nom, synonyme d'érudition, de piété, de dévouement et d'honneur, qui vint, vers la fin du xve siècle, s'établir à Paris.

Augustin de Thou leur fils, Président à mortier au Parlement de Paris, épousa Claude de Marle, dont la écondité ne demeura pas au-dessous de sept enfants, quatre fils et trois filles.

Christophe, Adrien, Nicolas et Augustin de Thou élevèrent leurs noms au-dessus de tout éloge, de toute antiquité et de toute réputation, par la capacité, la probité et le zèle qu'ils déployèrent en faveur de la religion, de la patrie, du Prince, des lettres, ces quatre incomparables sources de vertu, de grandeur, de valeur, de devoir et de plaisir.

Ces lignes n'étant point une généalogie mais une simple notice complémentaire de la courte biographie de Jacques-Auguste de Thou, mon héros, je ne suivrai point Adrien, Nicolas, Augustin de Thou, ni leurs trois sœurs, dans les dignités, les carrières, les vocations diverses dont ils furent soit l'édification, soit l'honneur.

Christophe de Thou leur aîné, premier Président au Parlement de Paris, etc., épousa Jacqueline de Tulleu, dont il eut sept enfants. L'aîné, Jean, donna lieu à trois générations ; en la dernière d'entre elles s'éteignit sa lignée malgré huit rejetons dans lesquels s'épuisa son effort. Il faut ajouter que cinq de ses sept filles se vouèrent à la vie du cloître, trois chez les Carmélites, une à Port-Royal, et une à l'abbaye des Clérets, au Perche.

Christophe-Auguste de Thou, le deuxième des fils du premier Président, fut assassiné, avec Christophe son fils unique, dans les troubles de la Ligue.

Jacques-Auguste de Thou, troisième fils de Christophe, né en 1553, est celui des membres de sa famille qui répandit sur elle le lustre le plus éclatant. Destiné d'abord à l'Eglise par l'abandon que Nicolas de Thou, son oncle, évêque de Chartres, lui fit de ses benéfices, il se démit de ses biens, sans dévier de sa piété, et se détourna de sa carrière lorsque la mort de son père et celle de son frère aîné eurent attiré sur lui les bontés du Roi. Il développa par des voyages et par le commerce des savants le don qu'il avoit pour les langues. Cujas fut son maître dans l'étude du droit. De la diplomatie à laquelle il fut employé jeune encore, il fut appelé dans le sein des parlements et dans les conseils du Roi. Henri III le trouva toujours fidèle à sa cause ; Henri IV l'employa en des missions difficiles et s'aida de son habile intelligence pour la rédaction de l'édit de Nantes et pour le refus de certaines dispositions du Concile de Trente dont le rejet en France doit lui être attribué. Ces actes le rendirent suspect d'inclination au protestantisme et contribuèrent à faire condamner à Rome *l'Histoire de son temps,* qu'il écrivit avec l'exactitude d'un contemporain et la vérité d'un acteur des événements. Beau-frère d'Achille de Harlay et de Philippe Hurault, Comte de Chiverny, Chancelier de France, il tenoit par ses alliés comme par ses ancêtres aux plus grandes illustrations de la magistrature. Sa haute piété le porta à se laisser élire père temporel et protecteur de l'Ordre de Saint-François par tout le royaume de France. Jacques Amiot, évêque d'Auxerre, grand maître de la bibliothèque du Roi, étant mort, il fut nommé à sa place et en sa charge, et adjoint en même temps au Cardinal du Perron, pour la réformation de l'Université de Paris. C'est en ce temps et à ce titre, qu'il témoigna son amour extrême pour les savants et leurs œuvres, et que les livres, tant ceux du Roi et du public, que les siens propres, eurent dans ses soins, dans son choix, dans son goût, une part qui aujourd'hui encore donne un si grand prix à tout ce que marque et revêt son blason.

En premières noces, Jacques-Auguste de Thou avoit épousé, l'année 1587, Marie de Barbançon, qui le laissa veuf en 1601, après quatorze ans d'une union sans nuages. Il en déplora la perte dans une touchante élégie venue jusqu'à nous. Je reviendrai sur cette alliance, qui l'unit à Messieurs du Prat et qui est la juste cause de l'attention que, dans ses écrits, il accorde à leur nom.

En deuxièmes noces il épousa Gasparde de la Chastre : des six enfants qu'il en obtint, Jacques-Auguste de Thou fut le seul qui parut réservé à continuer son nom. Ce fut une erreur : Louis-Auguste de Thou, fils de son premier mariage et tenu sur les fonts par la Reine régente et le Cardinal de Mazarin, ayant failli par le trépas, aux destinées que lui promettoit un aussi haut patronage.

Son oncle, François-Auguste de Thou, fils aîné du premier Jacques-Auguste et de Gasparde de la Chastre, est cette jeune victime, si digne d'admiration par sa profonde érudition, d'attachement passionné par l'urbanité et par la douceur de ses mœurs, qui le 12 septembre 1642, fut, à l'âge de 35 ans, victime des vengeances du Cardinal de Richelieu. Il étoit, comme l'avoit été Christophe, son aïeul, grand maître de la bibliothèque du Roi. Héritier de ses dévotions et de sa bienfaisance, comme il l'étoit de ses goûts, de ses aptitudes et d'une partie de ses charges, il avoit en mourant tourné ses derniers regards vers les fils de Saint-François et écrit pour l'accomplissement d'un vœu, sa dernière inscription pour l'église des Cordeliers de Tarascon. C'étoit au commencement de son incarcération qu'il l'avoit formulée, se trouvant captif en cette ville. En voici le texte, tracé de sa main une heure avant sa mort, et dans lequel la sérénité et la liberté de son âme et de son esprit sont surtout admirables :

Christo liberatori
Votum in carcere pro libertate conceptum
Franc. August. Thuanus,
E carcere vitæ jamjam liberandus
Meritò solvit 12 *sept.* 1642.
Confitebor tibi, Domine, quoniam exaudisti me et factus es mihi in salutem.

Les causes d'un pareil supplice furent diversement interprétées; j'en laisse le débat à l'histoire, laquelle, obscurcie par les intérêts ennemis des juges et de la victime, ne prononcera jamais infailliblement si François-Auguste de Thou tut ou partagea la conspiration de Cinq-Mars, s'il fut conduit à la complicité par l'obstacle que l'inimitié du cardinal de Richelieu mettoit à son mariage avec Marie-Louise de Gonzague, qui fut depuis et deux fois reine de Pologne, par ses mariages avec les rois Wladislas et Casimir. Enfin elle ne prononcera jamais irrévocablement si le Cardinal ne fut pas heureux de se venger des paroles écrites par le Président de Thou son père, sur Antoine du Plessis Richelieu, son grand oncle. Elles lui faisoient l'injure de s'exprimer en ces termes. « Antonius Plessiacus » Richelius, vulgo dictus monachus, quod eam vitam » professus fuisset; dein, voto ejurato, omni se li-- » centia ac libidinis genere contaminasset. »

Laissant de côté la généalogie et la biographie de

Messieurs de Thou, il me reste maintenant à indiquer les liens qui unissoient leur illustre famille à celle de Messieurs du Prat. J'expliquerai par là l'occasion, indépendante des droits de l'histoire, qui place souvent leur nom et leur intervention soit dans leurs actes, soit dans leurs œuvres, soit dans leurs vies.

François de Barbançon étoit d'une illustre maison du Haynaut. Ses pères avoient possédé dans cette province la principauté de Barbançon passée par alliance à Messieurs d'Aremberg, cadets de la maison de Ligne.

François, fils de Michel de Barbançon, seigneur de Cany, et de Péronne de Pisseleu de Heilly, avoit épousé Antoinette de Wawrin de Waziers, très-riche et vertueuse fille d'une très-noble maison. Il en avoit obtenu Louis, Anne et Marie de Barbançon.

En 1588, Louis de Barbançon, seigneur de Cany et de Varennes, épousa Catherine de Schomberg, fille de Gaspard, comte de Nanteuil ; elle étoit filleule de la Reine mère ; puis Madeleine d'Angennes, fille de Nicolas, marquis de Rambouillet, chevalier de l'Ordre ; enfin Hélène de Lille, fille de Claude, Seigneur de Marivault. Aucune ne lui donna d'enfants, et les terres de Cany, de Varennes, etc., et le nom de Barbançon, arrivèrent par substitution et bienfaits testamentaires à Messieurs du Prat de Nantouillet, petits-neveux de Louis de Barbançon, et arrière-petits-fils du Chancelier.

Anne de Barbançon, fille de François et sœur de

Louis, avoit épousé Antoine du Prat, Seigneur de Nantouillet, Baron de Thiers et de Thoury, Prévôt de Paris, dont le Chancelier étoit l'aïeul. Elle fut l'origine de la grande fortune qui vint accroître celle que possédoit déjà la maison du Prat ; elle fut aussi la cause innocente des crimes, procès, édits, qui troublèrent la famille et ajoutèrent une triste célébrité à la grande illustration qu'elle avoit acquise.

Marie de Barbançon, sœur d'Anne et de Louis, épousa en l'année 1587, Jacques Auguste de Thou, Président au Parlement ; il la perdit en 1601. La fécondité fut le seul bonheur qui manqua aux quatorze années de son union fortunée. Cette perte et cette mémoire lui inspirèrent la touchante élégie que l'on peut lire sous le titre d'*Elégie chrétienne,* à la fin de la Vie du Président, par Monsieur d'Ifs, gentilhomme des environs de Caen, qui le premier l'a mise au jour. C'est la rencontre qui m'empêche d'en faire ici l'insertion, bien que son original appartienne à mon cartulaire. Un emploi tout semblable ne s'opposera cependant pas à la reproduction de quelques lettres, soit de Monsieur de Thou lui-même, soit de Brantôme, qui ont été utilisées et données littéralement au public par le même auteur en manière de récit. Lui ayant été communiquées par la famille, il les a transportées du genre épistolaire à celui de la narration. Ce sera les rendre à la plume qui les a tracées et à la forme qui leur appartient.

En sa qualité de beau-frère d'Antoine du Prat, Jacques-Auguste de Thou reçut en 1590, la garde et le commandement du château de Nantouillet. Le Duc de Nemours et les ligueurs s'en étoient emparés comme d'une position importante et considérable. Mais Henri IV en fit chasser les rebelles et le capitaine Alphonse, banquier, qui les commandoit : le Roi en confia la garde avec le commandement d'une bonne garnison à Jacques de Thou, jusqu'à ce que la pacification du royaume et la reconnaissance universelle de ses droits lui permissent de remettre Nantouillet, aux mains d'Antoine du Prat, son légitime possesseur.

Je n'ai point prétendu en ce peu de lignes faire l'histoire de la maison de Thou, ni donner la moindre biographie d'aucun de ses membres : j'ai voulu seulement établir les liens qui existoient entre ces Seigneurs et Messieurs du Prat, pour expliquer l'intérêt qu'un nom si proche du sien par l'amitié et par l'alliance, pouvoit inspirer au grand historien.

Plus sur la question que j'ai omise eût appartenu à l'histoire, et ne peut être imposé au sujet que je me suis proposé.

MONSIEUR DE THOU A MONSIEUR DE HARLAY.

Il l'entretient du passage de Montaigne à Nantouillet. — Des causes des troubles actuels. — De l'assassinat d'Anne de Barbançon, femme d'Antoine du Prat.

Je vous écris, Monsieur, du château de Nantouillet où je suis depuis quelque temps à prendre du repos avec mon bon ami Antoine du Prat, que vous savez excellent et bon gentilhomme de noble race.

Notre ami commun, Monsieur Michel de Montaigne, qui a suivi depuis quelque temps la Cour à Chartres et à Rouen, est venu nous voir, puis va aller à Blois. Il me presse tous les jours de songer à l'ambassade de Venise qu'on me destine, dit-il, depuis le retour d'André Hurault, le proche parent du Chancelier. Hier, comme nous nous entretenions ensemble des causes des troubles, Monsieur de Montaigne me dit qu'autrefois il avoit servi de médiateur entre le Roi de Navarre et le Duc de Guise, lorsque ces deux princes étoient à la Cour, que ce dernier avoit fait toutes les avances par ses soins, ses services et ses assiduités pour gagner l'amitié du Roi de Navarre, mais qu'ayant reconnu qu'il le jouoit et qu'après toutes ses démarches, au lieu de son amitié, il n'avoit rencontré qu'une haine implacable, il avoit eu recours à la guerre, comme la dernière ressource qui pût défendre l'honneur de sa maison contre un ennemi qu'il n'avoit pu gagner; que l'aigreur de ces deux princes est le principe d'une guerre que nous voyons aujourd'hui si allumée, et que la mort seule de l'un ou de l'autre peut faire finir.

Voilà ce que Monsieur Michel de Montaigne, dont le jugement est si sensé, m'a appris, et comment nous en retirerons-nous? Vous me marquez que le bruit fort répandu jusque dans vos contrées est que Madame Anne de Barbançon, femme de notre ami commun de Nantouillet, avoit été poignardée. Il y a eu tentative, il est vrai, mais l'attentat n'a pas eu de suite, et nous nous tenons sur nos gardes. Adieu, mon cher et bon ami, et arrivez-nous le plus tôt qu'il vous sera possible (1).

De Thou.

De Nantouillet, le 1er décembre 1588.

MONSIEUR DE THOU A BRANTOME.

Il l'entretient de la galanterie du comte d'Angoulême pour Marie d'Angleterre, femme du Roi Louis XII, et de l'obstacle qu'Antoine du Prat mit à son développement.

Ce 3 novembre 1601.

Monsieur,

Vous commettez une grave erreur en attribuant à un gentilhomme de votre province la gloire d'un sage conseil donné au Roy François Ier. Cette gloire appartient à Monseigneur le Chancelier du Prat. Voici comment. Vous n'ignorez pas sans doute que Madame la Comtesse d'Angoulême, qui avoit

---

(1) Original aux *Archives de la famille*.

su apprécier le mérite de Monsieur Antoine du Prat, alors qu'il n'étoit encore qu'avocat, lui confia la conduite de son fils, le Comte d'Angoulême, qui devint plus tard Roy de France, sous le nom de François Ier. Voici ce qui arriva : Monsieur du Prat s'aperçut un jour que le jeune Comte d'Angoulême étoit amoureux et aimé de Marie, sœur de Henri VIII, roi d'Angleterre, femme jeune et belle du Roi Louis XII. Cette reine ne trouvant pas sans doute dans son mari de quoi satisfaire sa passion, avoit accordé un rendez-vous à son jeune amant. Le jeune Prince, enivré de sa bonne fortune, se glisse pendant la nuit par les détours d'un escalier dérobé, et est près d'entrer dans l'appartement, lorsqu'un homme fort et robuste le prend dans ses bras et l'emporte interdit et furieux loin de ses plaisirs. Cet homme ne tarda pas à se faire connoître : c'étoit Monsieur du Prat qui lui représenta avec vivacité combien il étoit imprudent de vouloir se donner lui-même un maître et de sacrifier un trône au plaisir d'un moment. Le conseil étoit bon, le jeune Comte en profita, et quand il fut Roi il combla d'honneurs et de biens son favori. Voilà comment Monsieur le Chancelier du Prat dut sa fortune et son crédit à la gloire d'un bon conseil. Je tiens cette aventure de Monsieur de Nantouillet, et vous pouvez être assuré de son authenticité. Je vous salue (1).

J. A. DE THOU.

---

(1) Original aux *Archives de la famille*.

RELATION PAR MONSIEUR DE THOU

DES MASSACRES DE LA SAINT-BARTHÉLEMY.

Tirée d'un manuscrit autographe signé A. de Thou.

Le dimanche 17 août 1572, Henri, Roi de Navarre, et Marguerite de France, sœur du Roi, furent fiancés au soir, en l'hôtel du Louvre, et le lendemain, épousés par le Cardinal de Bourbon, sur un grand échafaud élevé à la vue d'un chacun, au-devant de la porte du grand temple de Paris. Ce jour-là passa en festins, jeux, danses et mascarades. Il y eut jeux chevaleresques et divertissements allégoriques, exécutés par les principaux Seigneurs du parti catholique et protestant. Un des jeux représentoit le paradis, que défendoient le Roi de France et les Ducs d'Anjou et d'Alençon, contre le Roi de Navarre et le prince de Condé. Ces plaisirs offerts au peuple, y paroissoient un étrange mélange de ceux de la religion avec les catholiques romains, dont plusieurs ne furent pas moins émus que de la sanglante boucherie qu'ils redoutoient déjà, et qui advint tôt après. Tandis que l'on consommoit le temps en tels ébats, de toutes parts arrivoient gens appelés par le Roi, sa mère, et par ceux de Guise pour demeurer les plus forts, la conclusion ayant été prise peu de jours paravant, et lors pleinement confirmée, tant à Paris qu'à Saint-Cloud, dont les Ducs d'Anjou et de Guise étoient principaux entremetteurs, de ne laisser sortir l'Amiral de Coligny et les siens, ains le dépêcher dedans Paris avec tous ceux qui voudroient le garantir. La Reine-mère, avec deux ou trois de ses plus féaux et secrets serviteurs, avoit un conseil à part, dont la fin tendoit non-seulement à faire tuer l'Amiral de Coligny, mais aussi à faire entrebattre d'autres, pour dominer plus à l'aise. Ceux de Guise prétendoient exterminer l'Amiral de Coligny, et en faisant massacrer ceux de la religion par le peuple, au nom du Roi, favoriser ceux qu'ils pourroient, pour rendre le Roi, sa mère et son frère tous plus odieux, et avancer pied à pied leurs desseins. Tandis que tout résonnoit de joie et de chansons, de musique à la voix et aux instruments, d'exercices et passe-temps de toutes sorte, Maurevel, assassin déjà du sieur de Mouy, auquel, quelques semaines auparavant, le Duc d'Anjou, puis le Comte de Retz, avoient communiqué ce qu'il étoit bon de faire, vint à Paris et fut logé en lieu propre. Le vingtième d'août, le Roi ayant tiré à part l'Amiral et tenu propos des troupes qui accompagnoient ceux de Guise dans Paris, lui dit avoir pensé, pour empêcher tous désordres, que ce seroit le plus sûr de faire mettre en lieux convenables les gardes de ses arquebusiers sous certains capitaines qu'il nomma. L'Amiral s'étant remis de cela à son bon plaisir, sans faire état de malveillance de ceux de Guise, lesquels il présupposoit ne pouvoir bouger, si le Roi continuoit, en protestations qu'il estimoit très-assurées, on disposa en certains endroits autour du Louvre cinq ou six arquebusiers, et plus grand nombre en d'autres quartiers éloignés. Le Maréchal de Montmorency, venu aux noces, considérant telle confusion et redoutant les embûches de la maison de Guise, ennemie mortelle de lui et des siens, sous prétexte d'aller à la chasse, se retira chez soi, dont bien lui prit, et son absence fut cause que ses frères furent épargnés.

Or, le vendredi 22 d'août, comme l'Amiral sortit du Louvre, où il avoit été tout le matin avec les Maréchaux de Cossé et de Tavannes, pour accorder quelques querelles entre deux gentilshommes, se retirant pour dîner en son logis, accompagné de ses amis et alliés, composés de douze ou quinze gentilshommes, étant à pied environ à cent pas du Louvre, et lisant une requête tout en marchant, lui fut tiré une arquebusade dont la balle lui emporta le doigt index de la main droite et le blessa au bras gauche. Le tireur avoit un cheval prêt à la porte de derrière du logis, sur lequel étant échappé, sortit par la porte Saint-Antoine, où trouvant un genêt d'Espagne qu'on lui tenoit en main, prit le galop et se retira en lieu sûr assigné. La porte du logis enfoncée par Gaspard du Prat (1), filleul et ami dévoué de l'Amiral, ainsi que par les autres gentilshommes qui le sui-

---

(1) Gaspard du Prat, marié à Marguerite de Luppé, dite Marguerite de Torrebren, fut père d'Isaac du Prat, marié à Marcelle du Bellet, lequel continua la lignée ; il étoit fils de Vital du Prat, et de Bertrande du Puis, petit-fils de Claude du Prat, seigneur d'Hauterive, et de Gabriel de Sudre. Vital du Prat, père de Gaspard, étoit cousin-germain d'Antoine du Prat, Chancelier de France, et Gaspard du Prat étoit cousin issu de germain d'Antoine du Prat, Prévôt de Paris, en 1549, auquel en 1553 succéda en cette charge, autre Antoine du Prat, son fils.

voient de près, tous bien décidés à venger ce guet-apens. On trouva en ce logis l'arquebuse encore chaude, puis un laquais et une servante. L'on sut qu'un nommé Chailly, lors maître-d'hôtel chez le Roi, et surintendant des affaires du duc de Guise, avoit le jour auparavant mené un arquebusier en cette maison, appartenant à Villemur, précepteur du même Duc, et l'avoit affectueusement recommandé à l'hôtesse; que ce vendredi matin, l'arquebusier se faisant nommer Rolland, de la garde du Roi (mais ce n'étoit autre que Maurevel), avoit envoyé son dit laquais prier Chailly de pourvoir que l'écuyer du Duc de Guise tînt prêts les chevaux qu'il lui avoit promis (1).

L'Amiral de Coligny, ramené par ses amis en son logis, montra une singulière piété, constance et patience entre les mains des chirurgiens : puis, visité de plusieurs Princes, Seigneurs et gentilshommes de la religion, parut toujours semblable à soi-même. Le Roi de Navarre et le Prince de Condé ayant été prévenus de ce qui étoit arrivé à l'Amiral, vinrent le voir, puis s'en allèrent faire leurs plaintes au Roi, demandant congé de se retirer, attendu qu'il faisoit mal sûr

---

(1) « C'étoit, dit une autre relation, un assassin ordinaire nommé Maurevel,
» qui, durant les derniers troubles, avoit traîtreusement tué son seigneur et
» bienfaiteur, noble Jacques de Vaudray, seigneur de Mouy, sage et craignant
» Dieu entre tous ceux de son temps. »

« Maurevel, dit Dulaure en son *Histoire critique de la noblesse*, p. 211,
» étoit un gentilhomme de Brie, page de la maison de Lorraine. Il avoit assas-
» siné son précepteur, il avoit aussi assassiné son bienfaiteur, le seigneur de
» Mouy, dans sa propre maison. » Brantôme l'appelle *le tueur du Roi*, ou *le tueur aux gages du Roi*.

pour eux dedans Paris. Le Roi, se complaignant à eux du malheur advenu, jura et promit de faire du coupable, du commettant et des fauteurs si mémorable justice, que l'Amiral et ses amis auroient de quoi se contenter. Puis sitôt il enjoint au sieur de Nantouillet, Prévôt de Paris (1), de mettre gens en ordre et se tenir prêt pour exécuter tout ce que le duc d'Anjou lui commanderoit, fit fermer toutes les portes de la ville, jurant à sa manière accoutumée qu'il ne vouloit pas que ceux qui avoient commis un tel crime se sauvassent, faisant réserver deux portes ouvertes pour les allants et les venants, auxquelles y avoit grosse garde, afin que nul ne sortît sans congé ; et feignant donner ordre à toutes choses et vouloir attraper les coupables, il fit mettre toute la ville en armes, puis ordonna que plusieurs Seigneurs et gentilshommes de la religion fussent logés au quartier et autour du logis de l'Amiral, sous les ordres et la surveillance du sieur Gaspard du Prat, qui seroit près de lui comme lui étant plus attaché, de crainte qu'étant épars par la ville, ils reçussent déplaisir, et fussent là défendus par les soldats de sa garde. Le Roi vint voir l'Amiral sur les deux heures

---

(1) Antoine du Prat, seigneur de Nantouillet, de Précy, Baron de Thoury, Chambellan du Roi Charles IX, fut Prévôt de Paris en 1553, en remplacement de son père, qui avoit occupé cette charge dès l'année 1547. Il étoit petit-fils du Cardinal-Chancelier du Prat, et fils d'Antoine du Prat, seigneur de Nantouillet et de Précy, baron de Thiers et de Thoury-sur-Allier, chevalier de l'ordre du Roi, etc., et d'Anne d'Alègre. Antoine du Prat, dit le seigneur de Nantouillet, dont il est question dans le récit de de Thou, avoit épousé Anne de Barbançon, sœur de Marie de Barbançon, femme en 1587 de Jacques-Auguste de Thou. Antoine du Prat mourut en 1589.

après midi, avec la Reine-mère présente, auquel l'Amiral fit une ample remontrance en laquelle il n'oublia d'une part à maintenir sa fidélité au service de la France, et d'autre à découvrir les malheurs d'icelle pour n'être la paix publique observée, notamment au fait concernant ceux de la religion, dont il spécifia quelques particularités, suppliant le Roi de faire justice des perturbateurs, d'avoir égard à la foi par lui promise et au salut du royaume.

Le Roi fit réponse qu'il le tenoit pour homme de bien, bon François, et qui aimoit l'accroissement de la couronne, qu'il l'avoit en réputation de très-sage et excellent chef de guerre, que sur telle opinion il étoit entré ès résolutions passées ; qu'il avoit toujours tâché de faire diligemment observer son édit de pacification, et encore lors désiroit qu'il fût bien entretenu, pour lequel effet, commissaires marchoient par toutes provinces de France ; que la Reine, sa mère, pouvoit assurer qu'il alloit ainsi. Elle ayant dit oui, et que l'Amiral même le savoit bien. » Il est vrai, Ma-
» dame, répondit-il, on a envoyé des commissaires entre
» lesquels il y en a qui m'ont condamné à être pendu, et
» proposé cinquante mille écus de récompense à celui qui
» vous apporteroit ma tête. » Le Roi répliqua qu'on en enverroit d'autres, et promit derechef, très-expressément avec beaucoup de juremens, qu'il feroit justice de l'outrage commis en la personne de l'Amiral. Plusieurs autres propos furent tenus, pour assurer de plus en plus l'Amiral, lequel n'oublia de dire pour conclusion au Roi, qu'il se souvînt des avertissemens à lui donnés maintes fois par l'Amiral, touchant les malheureux desseins de quelques-uns à l'encontre de son État et de sa couronne, l'exhortant pourtant à penser

à soi, s'il aimoit sa vie. Peu de temps après que le Roi fut sorti, Jean de Ferrières, Vidame de Chartres (1), entra en la chambre de l'Amiral, lequel il consola fort longuement, et en l'assemblée qui fut faite au bout de quelques heures en une chambre du même logis, ce Seigneur remontra bien humblement au Roi de Navarre, au Prince de Condé et aux principaux Seigneurs de la Religion là assemblés, qu'il falloit vitement sortir de Paris et tenir pour résolu que ce coup estoit l'entrée de la tragédie, laquelle se paracheveroit bientôt. L'avis contraire de demeurer et se confier en la promesse du Roy emporta et fut suivi (2).

---

(1) Jean de Ferrières, Vidame de Chartres, étoit fils de François de Ferrières, seigneur de Maligny, et de Louise de Vendôme, laquelle étoit sœur de Louis de Vendôme, Vidame de Chartres. Par cette alliance, Jean avoit l'honneur d'une lointaine affinité avec le Roi de Navarre, depuis Henri IV. Par les Gouffier, qui rentroient dans les Montmorency, Louis de Vendôme, oncle de Jean de Ferrières, étoit cousin-germain de l'Amiral de Coligny. Jean de Ferrières demeura toujours fidèle au parti du Roi de Navarre, et attaché à la personne de l'Amiral. Il fut gouverneur de Castel-Jaloux. Après une longue suite de succès et de revers dans la défense de la cause qu'il avoit embrassée, Jean de Ferrières tomba au pouvoir des catholiques, fut conduit au capitaine Carlos, qui exigea pour sa délivrance une forte rançon : il étoit pauvre et ne put la payer. Il fut alors jeté au fond de la cale d'une galère, et enchaîné à la soute ; il y mourut prisonnier dans le courant de l'année 1586. (*Vie de Jean de Ferrières*, p. 152, Auxerre, 1858.)

(2) « L'Amiral, instruit du tumulte (dit une relation que je crois inédite, laquelle porte pour titre : *Meurtres des fidelles en la ville de Paris*, le dimanche 24ᵉ jour d'août 1572, et autres jours suivants), « et entendant aussi » le cliquetis des armes, encore qu'il n'eût aucun secours avec soi, ne se put » toutefois effrayer, appuyé (comme il disoit souventes fois) sur la bienveil- » lance du Roi, comme il avoit expérimenté en plusieurs grandes choses. » Davantage, il s'assuroit que si ceux de Paris connoissoient que le Roi n'ap-

Ce même jour, le Roi écrivit lettres aux gouverneurs des provinces et des principales villes de France, ainsi à ses ambassadeurs près des Princes étrangers, les avertissant de ce qui étoit advenu, et promit de faire en sorte que les auteurs et coupables d'une si grande méchanceté seroient découverts et chassés selon leur mérite ; leur commandant de faire entendre à tout le monde que cet outrage lui déplaisoit. La Reine mère écrivoit de même. Tandis que les secrétaires étoient occupés bien avant en la nuit, les Ducs d'Anjou et de Guise prenoient conseil de ce qui étoit à faire la nuit suivante.

Le samedi matin courut un bruit par la ville en laquelle il avoit un million de catholiques romains, que ceux de la religion (qui n'étoient qu'une poignée de gens en comparaison de ce nombre, ne demandoient que justice, modestement, sans outrage quelconque de parole ni de fait),

---

» prouvoit leurs folies, encore qu'ils entreprissent passer outre, néanmoins
» demeureroient cois, sitôt qu'ils verroient Cosseins et sa garde.

 » Par même moyen, il se rappeloit le serment solennel du Roi et de ses
» frères, et de la Reine, sa mère, répété tant de fois pour l'entretennement
» et conservation de la paix et couché par écrit en instruments publics. Davantage l'alliance faite peu de temps auparavant et pour la même cause
» avec la Reine d'Angleterre, les traités avec le Prince d'Orange, la foi donnée aux Princes d'Allemagne, les villes de Flandre sur lesquelles on avoit
» fait entreprise ; les autres desquelles on s'étoit saisi au nom du Roi, les
» noces de sa sœur célébrées six jours auparavant, qu'il ne permettroit pas
» être si cruellement ensanglantées. Il se proposoit aussi le jugement des nations étrangères et de toute la postérité, la honte, la gravité, la constance
» et fidélité que doit avoir un Roi, la foi publique, la sainteté du droit des
» peuples ; estimant que ce seroit une chose prodigieuse et du tout contre
» nature de polluer toutes ces choses par un meurtre tant exécrable. »

menaçoient fort toute la maison de Guise. Sur ce, les Ducs de Guise et d'Aumale, bien échauffés ce sembloit, vont trouver le roi, et en présence de plusieurs, lui dirent qu'ils aperçoivent Sa Majesté avoir depuis assez longtemps leur service peu agréé, que s'ils pensoient qu'en prenant le chemin de leurs maisons, le Roi y prît plaisir, pour lui complaire étoient prêts à s'en aller. Le Roi se montrant tout renfrogné et avec paroles âpres, leur dit qu'ils allassent où ils voudroient, qu'il les auroit bien toujours s'il les trouvoit coupables de l'outrage fait à l'Amiral de Coligny. Eux se retirant de la présence du Roi, bien accompagnés, montent à cheval environ midi pour ne bouger de Paris, où le Parlement parloit aussi peu que les muets. Les quarteniers vont par toutes les hôtelleries et logis, prennent par écrit les noms de ceux qui faisoient profession de la religion, et emportent les rôles à ceux qui leur avoient donné cette commission. Peu d'heures après, ceux de la religion commencèrent à découvrir que l'on prenoit des conseils sanguinaires, contre l'Amiral de Coligny et tous ses amis. Car premièrement le Roi fit poser un corps de garde de cinquante arquebusiers, sous la charge de Cosseins, à la porte de l'Amiral, fit déloger de cette rue-là tous les gentilshommes catholiques romains qui y étoient logés, et après commanda aux plus familiers de l'Amiral qu'ils eussent à prendre logis en ce quartier, pour être plus près de lui : fit apporter force armes dedans le Louvre, et par toute la ville le peuple commença à se remuer sur le soir. Le conseil assemblé pour la dernière fois au logis de l'Amiral, le Vidame de Chartres fut de son premier avis et insista avec véhémence qu'on essayât présentement de porter l'Amiral hors de Paris , et que ses familiers et amis délogeassent avec. Il rendit bien ample raison de son avis, lequel ne fut point suivi; ainsi se tint-on au premier de demander justice au Roi, en la promesse duquel falloit se reposer. Le conseil du Vidame étoit très-assuré, mais selon les hommes impossible à exécuter alors. Et néanmoins depuis l'on osa publier qu'en le conseil, où le Roi de Navarre, le Prince de Condé, et plusieurs grands Seigneurs se trouvèrent, l'on avoit conclu de tuer le Roi, la Reine mère, et tous les principaux de la Cour : calomnie autant fausse que la fausseté même. Sur le soir, quelques gentilshommes de la religion se présentèrent pour veiller la nuit, en la chambre de l'Amiral, dont Téligny son gendre ne fut d'avis, n'estimant qu'il fût nécessaire, et les remerciant avec fort gracieuses paroles de cette bonne volonté. Pourtant demeurent avec l'Amiral : Gaspard du Prat son filleul, Cornaton (1) de la bouche duquel je tiens ces récits, la Bonne (2), Yolet, Merlin, ministre de la parole de Dieu; Ambroise Paré, chirurgien; puis quelques valets de chambre et serviteurs (3). En la basse cour y avoit cinq suisses de la garde du Roi de Navarre.

---

(1) Cornaton, gentilhomme bien affectionné à la religion, et qui ne bougeoit d'auprès de l'Amiral, dit un autre récit.

(2) La Bonne, gentilhomme de la suite de l'Amiral, lequel avoit la garde des clefs de la maison, et fut le premier massacré par le capitaine Cosseins. Celui-ci avoit reçu la mission de protéger le logis et la personne de l'Amiral, ce qui faisoit tenir à plusieurs ce langage trop bien justifié par l'événement : « qu'on avoit baillé la brebis à garder au loup. »

(3) Entre autres Nicolas Musa, suisse, truchement pour la langue allemande, qui fut tué avec Gaspard du Prat.

La nuit venue, le Duc de Guise lieutenant (en ce fait que nous allons décrire) du Duc d'Anjou, fait venir devers soi tous les capitaines des suisses et compagnies étrangères entrées à la file dedans Paris, leur fait entendre la commission qu'il avoit d'exterminer l'Amiral de Coligny et tous ses partisans, les exhorte et encourage au sang et au butin, dispose leurs troupes ès lieux remarqués. Sur le minuit, une autre assemblée se fait en la maison de ville, où le Prévôt des marchands (1), les échevins (2), les capitaines de quartiers furent avertis de même que par toute la France, on en feroit autant à tous ceux de la religion qu'à ceux de Paris; que le signal de massacre général seroit l'horloge du Palais, laquelle on sonneroit au point du jour, et l'enseigne des exécuteurs seroit un mouchoir blanc attaché sur la manche et une croix blanche au chapeau.

Si les grands étoient échauffés, les petits ne furent pas moins prompts à l'exécution d'un si cruel commandement. Par toutes les rues on posa promptement des corps de garde. De là le Duc de Guise venu au Louvre, eut charge avec le chevalier d'Angoulême bâtard de Henri II (3), et le

---

(1) Jean le Charron, président de la cour des aides, étoit Prévôt des marchands.

(2) Jean de Bragelongue, Jean le Jay, Claude Daubray, Augustin le Prévost, Robert Danès, Jacques Perdrier, Guillaume Parfait, Jean le Gresle étoient échevins.

(3) Henri d'Angoulême, grand Prieur de France, gouverneur de Provence, Amiral des mers du Levant, étoit enfant bâtard de Henri II et de la belle Leviston, Écossaise, fille d'honneur de la Reine Marie Stuard. Brantôme l'appelle Madame Flamin dans son *Histoire des dames galantes*. En aucun cas il n'étoit fils de Diane de Poitiers, comme le prétend à tort la *Gallia Christiana*.

Duc d'Aumale accompagnés de Cosseins, Gons, Attin (1), Besmes (2), quelques arquebusiers du Roi et toutes les gardes

---

Diane de Poitiers fit au contraire chasser de la Cour et envoyer en Écosse, la mère de Henri d'Angoulême qui lui avoit donné un tel droit de jalousie. Celui-ci, dit aussi Henri d'Angoulême, mourut assassiné à Aix en Provence au mois de juin 1586, par Philippe Altoviti, Italien, capitaine des galères, lequel étoit le second mari de Renée de Rieux Châteauneuf, demoiselle de la suite de la Reine mère. Renée étoit veuve d'Antinotti, autre Italien qu'elle avoit tué en 1577. Le Roi l'avoit aimée, puis abandonnée, pour épouser Louise de Vaudémont. Ensuite de quoi il avoit voulu la donner pour femme à François de Luxembourg, fils puîné d'Antoine de Luxembourg, comte de Brienne, puis à Antoine du Prat, seigneur de Nantouillet, Prévôt de Paris, petit-fils du Chancelier du Prat. Ces deux Seigneurs se refusèrent à pousser jusqu'à pareil excès les effets de leur état de courtisans ; François de Luxembourg s'éloigna : Antoine du Prat ayant dédaigné une précaution aussi sage, et continuant à braver par ses propos et par sa présence la belle de Rieux, celle-ci le rencontrant sur le quai de l'Ecole, poussa sur lui son cheval au galop et le foula à ses pieds. Pour achever le drame de cette existence, Renée de Rieux après avoir assassiné Antinotti dans une fureur de jalousie, reçut entre ses bras Philippe Altoviti, baron de Castelane, son second mari, le 2 juin 1856. Henry d'Angoulême avoit eu avec lui un grave démêlé, basé sur une dénonciation qu'Altoviti avoit envoyée à la cour contre lui : l'apercevant à sa fenêtre, il monta dans sa chambre pour le maltraiter. Altoviti reçut un coup d'épée dont il expira, mais en se défendant et mourant, il perça d'un coup de dague le ventre du grand Prieur, qui mourut sept ou huit heures après avoir reçu sa blessure. Ce fut alors que le Roi donna le grand prieuré, tous les biens et bénéfices de Henry d'Angoulême à Charles, bâtard de Valois, duc d'Angoulême, fils naturel du Roi Charles IX et de Marie Touchet, dame de Belleville. Celui-ci épousa Marie-Charlotte de Montmorency, fille du Connétable, et fut père de Louis-Emmanuel de Valois, Duc d'Angoulême.

(1) Une autre relation dit en parlant de ce personnage « Un Picard, nommé le capitaine Attin, domestique et familier du Duc d'Aumale, qui autrefois avoit été aux gages de ceux de Guise pour tuer le sieur d'Andelot. »

(2) « Un nommé Besmes, dit une autre relation, Allemand, serviteur du

du Duc d'Anjou, de commencer par le logis de l'Amiral. Le cliquetis d'armes environ une heure après minuit, les allées et venues de tant de gens, et tant de flambeaux allumés partout, furent cause que quelques gentilshommes logés près de la maison de l'Amiral se lèvent, sortent en la rue et demandent aux premiers qu'ils rencontrent de connoissance, que veut dire cet amas de gens à heure indue, et pour ce qu'on leur répondoit ambigûment, passent outre jusqu'au Louvre, où ils furent premièrement attaqués de paroles, puis les gardes commencent à se ruer sur eux. La nuit venue, on commence à sonner la cloche du temple de Saint-Germain de l'Auxerrois. Cosseins, voyant venir le Duc de Guise et ses troupes, heurte à la porte de l'Amiral entre deux et trois heures du matin du dimanche 24 août. La Bonne descend et ayant fait ouverture, fut poignardé par Cosseins : la seconde porte par où l'on entroit sur les degrés ayant été en peu de temps rompue, et un des suisses de la garde arquebusé, tandis que Cosseins étoit occupé auprès de cette porte, Cornaton court en haut, et enquis par l'Amiral qui s'étoit fait lever de son lit, et couvert de sa robe de chambre, avoit ouï l'ardente prière de son ministre, et recommandé son âme à Jésus-Christ son Sauveur, que vouloit dire ce grand tumulte, répondit : « Monsei- » gneur, c'est Dieu qui nous appelle à lui : l'on a forcé le » logis, et n'y a moyen quelconque de résister. » L'Amiral

---

Duc de Guise. » — Dulaure, en son *Histoire critique de la Noblesse*, p. 212, dit : « Besmes étoit bâtard du Cardinal de Lorraine et écuyer du Duc de » Guise. »

commence à dire : « Il y a longtemps que je suis disposé à
» mourir. Vous autres, dit-il à ses amis, sauvez-vous s'il
» est possible, car vous ne sauriez garantir ma vie. Je re-
» commande mon âme à la miséricorde de Dieu. » Tous
incontinent, excepté son filleul Gaspard du Prat, gagnèrent
promptement le plus haut de la maison, et ayant trouvé
une fenêtre pour monter sur le toit, commencèrent à se
sauver, mais la plupart furent tués au logis proche. Cornaton, Merlin et un ou deux autres échappèrent et furent
conservés miraculeusement. Restoient Gaspard du Prat
avec quatre suisses sur les degrés. Le sieur du Prat et un
des suisses furent tués ; les autres se sauvèrent comme ils
purent ; la porte de la chambre de l'Amiral n'étant
plus gardée, fut incontinent enfoncée, et grand nombre
d'hommes armés et couverts de rondaches entrèrent :
au nombre desquels était Besmes, serviteur domestique du
Duc de Guise : il avoit l'épée nue en main, et s'approchant
de l'Amiral lui en présente la pointe. Icelui commence à
dire : « Jeune homme, tu devrois avoir égard à ma vieil-
» lesse et à mon infirmité ; mais tu ne feras pourtant ma
» vie plus briève. » Sur ce Besmes lui enfonce un coup
d'estoc en la poitrine et un autre sur la tête. Chacun des
autres lui donnant ainsi son coup tellement, qu'il tomba
par terre tirant à la mort. Ainsi finit ce grand Amiral de Coligny en s'écriant : « Au moins si je mourois de la main
» d'un honnête homme et non d'un goujat ! » Besmes lui
ayant marché sur le corps dit à ses compagnons : « C'est
» bien commencé, continuons notre besogne. » Le Duc de
Guise, qui étoit en la cour avec les chévaliers et autres,
oyant les coups, commence à demander si c'étoit fait qu'on

jette les corps par la fenêtre. Besmes et Sarlaboux (1), l'enlèvent incontinent et le jettent en bas. Le coup donné

---

(1) Ce Sarlaboux seroit-il le même personnage que le capitaine de Sarlabos, dont Brantôme, Castelnau et le Prince de Condé en ses mémoires ont parlé avec l'éloge que mérita sa fidélité. Sarlabos étoit originaire de Languedoc, et Michel de Castelnau semble le ranger, tout gentilhomme qu'il le déclare, parmi ces « braves hommes méridionaux qui obscurcirent par de » nouveaux noms l'éclat de plusieurs plus anciens et auparavant plus con- » nus. » Quoi qu'il en soit, il devint par ses grades, par sa bravoure et par ses succès, un personnage important. En admettant que ce fût lui qui envahit la demeure de l'Amiral de Coligny, il dut à de meilleurs services les honneurs qui vinrent le chercher. Il repoussa les tentatives de séduction du Maréchal de Damville en 1574. C'est à ce service, plutôt qu'à sa coopération au meurtre de l'Amiral, qu'il faut attribuer les compliments que lui accordent et la confiance que lui témoignent la Reine Catherine de Médicis, Villeroy et Saint-Supplice dans leurs lettres en date du 9 mai, du 14 mai et du 15 juin 1574. Le Maréchal de Montmorency et le Marquis de Villars le comblèrent également de leur correspondance et de leur amitié. Sarlabos fut successivement chevalier de l'Ordre du Roi, gouverneur d'Aigues-Mortes, mestre de camp, capitaine de cinquante hommes d'armes d'ordonnance du Roi, gouverneur du Havre, etc.

Brantôme nous apprend que Messieurs de Sarlabos étoient deux frères, « ayant eu l'estime d'avoir été deux fort bons capitaines de gens de pied, dont » on estimoit surtout le plus jeune. » Et il entre à son sujet dans des détails de faits d'armes, de querelles, de duels, etc., dont il faut lui laisser faire le récit en leur lieu avec tout l'agrément de son style, tout l'à-propos de leur place et toute la certitude que lui permet d'y apporter son titre de contemporain.

Dans la première moitié du dix-septième siècle, un marquis de Saint-Blancard, de la grande maison de Gontaut-Biron, né en 1687, neveu du marquis de Valence, parce que la marquise de Saint-Blancard, sa mère, étoit mademoiselle de Thiembrune de Valence, épousa Monsieur de Sarlaboux, ou Sarlabos, dont il n'eut point d'enfants. C'est tout ce que mes recherches m'ont permis de conjecturer ou de recueillir sous le nom de Sarlaboux.

sur la tête et le sang couvrant la face empêchoient un peu de le reconnoître, tellement que le Duc de Guise se baissant dessus, et lui touchant le visage avec un linge, dit : « Je le » connois, c'est lui-même. » Puis ayant donné un coup de pied au visage de ce mort, que tous les meurtriers de France avoient tant redouté quand il vivoit, sort du logis suivi des autres et commence à crier : « En vue : courage, » soldats, nous avons heureusement commencé; allons aux » autres : le Roy le commande, » et répétoit souvent tout haut ces mots : « Le Roy le commande, c'est sa volonté ; » c'est son exprès commandement. »

Incontinent l'horloge du Palais sonne, et commence-t-on à tuer et à crier par toutes les rues de Paris, que les huguenots étoient en armes combien qu'ils fussent en leurs lits, et se mettoient en effort de tuer le Roi auquel la tête de l'Amiral fut portée, à la Reine mère aussi, puis embaumée et envoyée au cardinal de Lorraine. La populace mutinée accourt au logis de l'Amiral, coupe les mains et les parties honteuses de son corps, et le traîne par toute la ville, puis le porte au gibet de Montfaucon où il est pendu par les pieds. Les gentilhommes, valets de chambre, gouverneurs et autres serviteurs domestiques du Roi de Navarre et du Prince de Condé, furent chassés des chambres où ils dormaient dedans le Louvre, contraints de descendre en la basse cour, et furent massacrés devant les yeux du Roi. Autant en fut fait aux seigneurs et gentilshommes logés au quartier de l'Amiral, puis par toute la ville, tellement que le nombre de tués ce dimanche et les deux jours suivants dedans Paris et ses faubourgs, fut estimé monter à plus de dix mille personnes, tant seigneurs, gentilshommes, leurs pages et serviteurs, que gens de justice de toutes qualités, gens de lettres, de longue robe, écoliers, médecins, marchands, artisans, femmes, filles, jeunes garçons, sans épargner les enfants au berceau et au ventre des mères.

Les courtisans, soldats de la garde du Roi et compagnies étrangères, firent l'exécution sur la noblesse, finissant, (disoient-ils), en un jour par le fer et désordre le procès que la plume, le papier, les arrêts de justice, ni la guerre ouverte n'avoient pu exécuter en douze ans. De sorte que ces honorables seigneurs et gentilshommes de la religion, accusés calomnieusement de conspiration et d'entreprise sur le Roi, tout nus, ne pensant qu'à prendre repos, éveillés à peine, désarmés, entre les mains d'infâmes criminels, cauteleux et perfides ennemis, sans avoir loisir de respirer, furent tués les uns dedans leurs lits, les autres sur les toits des maisons et ès autres lieux cachés selon qu'on savoit les trouver. Nous aurions à allonger trop ce lamentable récit, s'il falloit ajouter les rôles de tant de personnes honorables de tous états et qualités, qui ont été victimes en cette boucherie. Nous nous arrêtons ici.

A. DE THOU.

ADDITION.

J'emprunte ici quelques particularités au manuscrit que j'ai déjà cité : je persiste à le croire inédit : sans calomnier son auteur, il peut être attribué à une plume protestante.

Impartiale dans ses intentions, elle doit apporter cependant quelque prévention dans le choix de ses faits, dans le crédit qu'elle leur accorde, et dans les jugements qu'elle en conclut. Quoi qu'il en soit, ils méritent d'être retenus comme témoignages de l'esprit du temps, des mœurs du siècle, des bruits du moment, de la réputation des personnages ; c'est à ce titre que je choisis quelques-uns d'entre eux, quelque étrangers qu'ils soient non pas au sujet qui m'occupe, mais à la pièce dont je suis le simple éditeur, et dont l'original appartient à mes archives.

« ..... Le Comte de la Rochefoucauld qui jusqu'après
» onze heures de la nuit du samedi, avoit devisé, ri et plai-
» santé avec le Roi, ayant à peine commencé son premier
» somme, fut réveillé par six hommes masqués et armés,
» qui entrèrent en sa chambre, entre lesquels cuidant le
» Roi être, qui vint pour le fouetter à jeu, il prioit qu'on le
» traitât doucement, quand après lui avoir ouvert et saccagé
» ses coffres, un de ces masqués le tua. »

. . . .
. . . .

« Antoine de Clermont, marquis de Revel, frère du
» Prince de Porcian, fut chassé tout en chemise, jusqu'à
» la rivière de Seine par ces soldats et le peuple, et là, fait
» monter sur un petit bateau, fut tué par Louis de Cler-
» mont, dit Bussy d'Amboise, son cousin, accompagné du
» fils du Baron des Adrets.

» Un certain capitaine des gardes faisant la cour à une
» demoiselle nommée la Chastaigneraye, pour lui gratifier,
» envoya tuer le sire de la Force, beau-père de cette demoi-
» selle : et cuidant avoir tué deux des frères de la Chastai-

» gneraye, il ne s'en trouva qu'un mort; l'autre étoit seule-
» ment blessé et caché sous le corps mort de son frère, qui
» lui étoit trébuché dessus, d'où le soir il se dépétra, se
» glissant jusque dans le logis du sieur de Biron son parent;
» ce que sachant, la Chastegneraye sa sœur, marrie de ce
» que tout l'héritage ne lui pouvoit demeurer, vint trouver
» le sieur de Biron à l'arsenal, où il étoit logé, feignant
» d'être bien aise que son frère fût échappé, et disant qu'elle
» desiroit le voir et le faire panser. Mais le Seigneur de
» Biron qui s'aperçut de la fraude, ne lui voulut découvrir,
» lui sauvant par un tel moyen la vie.

» Le baron de Soubise ayant ouï les bruits des arque-
» buses, et le cri de tant de gens, prend incontinent ses
» armes et court au logis de l'Amiral, mais il fut inconti-
» nent environné et mené à la porte du Louvre, où il fut
» massacré.

» Le sieur de Lavardin, cousin de Soubise, fut poignardé
» sur le pont aux Meuniers, et jeté à la rivière.

. . . .
. . . .

» Plusieurs autres capitaines et gentilshommes en grand
» nombre furent aussi saccagés, les uns dans leurs lits, les
» autres pensant se sauver, les autres se défendant avec
» l'épée et la cape. Leurs corps étoient incontinent traînés
» devant le Louvre et rangés près des autres, afin que les
» meurtriers soulassent leur vue de ces morts qui les avoient
» tant effrayés de leur vivant. Les valets de chambre,
» pages, laquais, et serviteurs desdits seigneurs et gentils-
» hommes, étoient aussi peu épargnés que leurs maîtres; on
» entre par toutes les chambres et cabinets de l'Amiral, et

» furent massacrés de façon horrible tous ceux qui furent
» trouvés au lit, ou qui s'étoient cachés, entr'autres les
» pages dudit sieur, enfants de bonnes et nobles maisons.

» Le sieur de Beauvoir, autrefois précepteur du Roi du
» Navarre, fut tué dans son lit, où ses gouttes le tenoient
» attaché.

» Le sieur de Brion, gouverneur du petit marquis de Con-
» ti, fils du premier Prince de Condé, oyant ce bruit, prit
» incontinent son petit maître, tout en chemise; et comme il
» le vouloit porter plus à l'écart, il rencontra les meurtriers
» qui lui arrachèrent ce petit Prince, en la présence duquel
» (qui pleuroit et prioit qu'on sauvât la vie à son gouver-
» neur), il fut massacré, et son poil tout blanc de vieillesse
» teint de sang, et puis traîné par les fanges.

François Nompair, sieur de Caumont, surpris en son
» lit, fut tué avec son fils aîné; le puîné, garanti miracu-
» leusement et tiré d'entre les morts, fut mené en l'arsenal
» près du sieur de Biron, grand maître de l'artillerie, qui le
» sauva, et quelques années après lui donna une de ses
» filles à femme. Ce Seigneur, nommé Jacques Nompair, fut
» élevé en grandes dignités et sa race a subsisté en grand
» honneur jusqu'à notre temps.

. . . .

» Pierre de la Ramée, dit Ramus, professeur en éloquence,
» homme connu entre les gens doctes, ne fut oublié; il
» avoit beaucoup d'ennemis et entre autres un nommé
» Jacques Charpentier, qui envoya des massacreurs au
» collége de Presles, où ledit Ramus s'étoit caché; mais
» étant trouvé, pour sauver sa vie il bailla bonne somme,
» et nonobstant il fut massacré et jeté de la fenêtre d'une

» haute chambre en bas, en telle sorte que ses entrailles
» s'épandirent sur les carreaux, puis furent traînées par les
» rues, le corps fouetté par quelques écoliers induits par
» leurs maîtres au grand opprobre des bonnes lettres dont
» Ramus faisoit profession.

. . . .
. . . .

» Plusieurs catholiques romains furent massacrés ainsi
» par la poursuite de quelques ennemis criant après eux
» en rue : Au huguenot... »

Je borne à ce point mes citations du manuscrit de la bibliothèque Impériale intitulé : MEURTRES DES FIDELLES EN LA VILLE DE PARIS, LE DIMANCHE 24ᵉ JOUR D'AOUT, L'AN 1572 ET JOURS SUIVANTS, dans la crainte que son volume et son importance ne viennent à lui obtenir sa juste place, et à éclipser la valeur du texte qui m'a conduit à ces emprunts. Je veux aujourd'hui, conserver à celui-ci la part essentielle et première qui lui appartient comme étant sorti de mes archives, et ne donner que le rang d'accessoire à tout autre document, quelque capital qu'il soit par la forme de son récit et la nature de ses détails. Je me réserve, en le mettant plus tard en lumière, de lui rendre la place qui lui appartient. Aujourd'hui et en ce lieu, je me ferois scrupule de fixer par la comparaison et par le rapprochement, la préférence et l'éloge sur une pièce justement rivale de la mienne.

HENRI IV ET MESSIEURS DU PRAT.

La famille du Prat avoit transporté son dévouement et ses services de la maison de Valois à celle de Bourbon. Dans la branche dite de Thiers et de Viteaux, Anne du Prat, après avoir été fille d'honneur de la Reine Catherine de Médicis, étoit devenue sa dame d'atours, et lorsque la mort de cette grande Princesse la détacha de son service, elle passa comme dame d'honneur, à celui de Marguerite de France, Reine de Navarre, première femme de Henri IV.

Le mariage de Catherine de Bourbon, sœur du Roi de France et de Navarre, avec Henri de Lorraine Duc de Bar, fut peu après l'occasion d'une grave dispute élevée entre Louis d'Agoult et Michel Antoine du Prat, de la branche de Nantouillet; son souvenir devint la cause d'un duel dans lequel le comte de Sault mit fin aux jours du seigneur de Nantouillet, malgré les défenses, les gardes et les obstacles que le Roi multiplia autour de ces Seigneurs.

Enfin Gaspard du Prat, sa femme et deux de ses

enfants, de la branche d'Hauterive, tous attachés à la cause du protestantisme, avoient perdu la vie dans les massacres de la Saint-Barthélemy, le premier à Paris, où il avoit suivi son Prince, accompagné de Coligny, son parrain, les autres à Bazas où ils attendoient le retour de leur père et de leur époux, nommé, mais sans qu'il semble en avoir jamais pris possession, au commandement de cette ville.

Les personnages auxquels s'adressent les lettres suivantes du Souverain sont Isaac du Prat, écuyer, seigneur de la Cazeneuve et capitaine au régiment de Champagne, puis commandant de la forteresse d'Argental, en Vivarois. Il étoit fils de Gaspard du Prat et de Marguerite de Torrebren, de la maison de Luppé. Après la mort de Henri IV, il se retira du service et s'éloigna de toute charge, à cause de la religion protestante dont il faisoit profession, et dont plus tard il fit abjuration à Nérac. « Il s'étoit habitué dans cette ville et dans » ses environs, disent les mémoires de famille, par » amour et par respect pour les souvenirs qu'y avoit » attachés le roi défunt son auguste maître. »

Enfin c'est à Michel Antoine du Prat, seigneur de Nantouillet et de Précy, baron de Thoury, etc., que s'adresse la troisième lettre du Roi Henri IV. Il étoit fils d'Antoine du Prat, Prévôt de Paris, et d'Anne de Barbançon ; il avoit épousé Marie Seguier, fille du Marquis de Sorel, et tante de la Duchesse de Luynes. Il ne m'est point aisé de compléter la date des quelques lignes dont il fut honoré. Leur intention réelle ne m'est pas plus révélée que l'année où elles furent écrites. Ont-elles pour objet une vraie partie de plaisir, ou cachent-elles sous un propos joyeux une intention de bataille ? Ce ne seroit pas la seule ni la première fois que le Béarnais traiteroit un projet de combat, comme celui d'une partie fine entre bons vivants et rudes compères.

Quoi qu'il en soit de la date et du projet, il est certain que le seul voyage exécuté par le Roi Henri IV, dans le Maine, se fit en l'année 1589. Il entra dans cette province le 26 novembre, venant de Tours; il étoit appelé par une révolte que fomentoit Bois-Dauphin. Le Roi soumit immédiatement la ville de Château-du-Loir, coucha le 27 à Yvri-l'Evêque, investit le Mans, qui capitula le 2 décembre; de là il se rendit à Laval, etc.

Faut-il considérer que, malgré sa date du 2 juin, la lettre en question eût trait au voyage tout militaire qui ne fut exécuté que cinq mois plus tard, ce qu'auroient retardé à cet excès les nombreuses affaires que Henri IV avoit alors sur les bras ? Ou bien encore seroit-elle l'indice d'un nouveau voyage dont il étoit dans les intentions du Roi d'honorer la province du Maine, voyage dont toutes mes recherches semblent prouver l'inexécution. C'est une question dont j'abandonne la solution à plus patient et plus docte que moi.

HENRI IV A ISAAC DU PRAT, SEIGNEUR DE LA CAZENEUFVE.

Il lui annonce le passage d'un courrier et le recommande à son bon accueil.

Monsieur de la Cazeneuve, je vous ai déjà écrit ces jours derniers par Forget. Ce n'est pas ma coutume de mettre si souvent la main à la plume, mais vous aurez encore ce mot de moi cejourd'hui par Ferret, que j'envoie en Guyenne en passant par le Vivarois, et devant se reposer à Argental même, dont je vous ai fait gouverneur. Il s'entretiendra avec vous, et vous dira combien je suis aise de pouvoir vous témoigner ma satisfaction de ce qu'avez fait pour nous être agréable en mainte occasion, et vous mandera qu'étant dans l'intention de faire un voyage en ces contrées la semaine prochaine, vous prierai m'accompagner, ayant fiance que le ferez noblement et de bon cœur. Je vous prie aussi de favoriser ce porteur en ce qu'il aura besoin de vous : vous savez comme c'est chose que j'affectionne ; ce qui me fait croire que vous l'affectionnerez aussi, c'est qu'il y va de mon contentement. Sur ce, Monsieur de la Cazeneuve, Dieu vous ait en sa sainte garde.

De Chambéry, ce 3 octobre.

HENRI.

A Monsieur Isaac du Prat, Seigneur de la Cazeneuve, gouverneur d'Argental.

HENRI IV A MONSIEUR DU PRAT,
CAPITAINE COMMANDANT D'ARGENTAL.

Il lui accuse réception de ses lettres et le loue des services qu'il a rendus à sa cause.

Monsieur du Prat, ce que depuis si long intervalle de temps, je ne vous ai rendu nulle réponse sur vos lettres, n'a pas été par ma faute de bonne volonté et moins encore par faute de ce que vos dites lettres ne me soient été fort agréables, mais pour ce qu'à mon grand regret je n'ai pas eu ce bonheur de vous pouvoir rendre témoignages combien je m'en sentois votre obligé pour n'avoir eu ici porteur en qui aie confiance assurée en ce temps de trouble et de désolation auxquelles toutes choses sont douteuses et incertaines. Mais sitôt pourrai trouver une occasion sûre, vous promets vous écrire amplement sur ce dont vous me mandez. Aujourd'hui je vous veux bien assurer que vos lettres et le bon office d'amitié qu'il vous a plu me faire en cet endroit me sont venus si merveilleusement à propos que j'estime que le salut et conservation de ce pays en dépend d'une bonne partie : car en vérité par icelles nous avons découvert les desseins de ceux qui, sous ombre d'une douceur et démence contrefaites, machinoient notre totale ruine, et a été mis en évidence à tous ce que mes avis et advertances n'avoient aucunement pu leur imprimer ni incorporer, de façon que nous vous demeurons tous très-obligés, et moi en particulier, de telle sorte que vous pouvez dorénavant compter sur l'amitié de celui qui à jamais vous sera très-affectionné et estimera votre zèle comme il mérite. Sur ce, Dieu vous ait, Monsieur du Prat, en sa garde. Ce XVe de mars.

HENRI.

HENRI IV A MONSIEUR DE NANTOUILLET,
EN SON HOTEL A PARIS.

Il lui donne ordre de le joindre au Mans.

Monsieur de Nantouillet, je vous fais ce mot par ce porteur exprès, pour vous avertir que j'ai besoin de vous demain. Je monte à cheval pour m'en aller vers Montrichard, puis de là droit au Mans, Dieu aidant d'ici, où je fais état de séjourner quelques jours au moins et y bien passer le temps : c'est pourquoi je vous prie de vous y rendre au plus tôt après que vous aurez reçu celle-ci, afin qu'ensemble et quelques autres bons compères nous y puissions réjouir. Assuré que vous y serez le bienvenu de moi, qui vous aime comme un brave gentilhomme ; sur ce, Dieu vous ait, Monsieur de Nantouillet, en sa garde. Ce IIe de juin, à Fontainebleau.

HENRI.

MESSIEURS DU PRAT ET BUSSY-RABUTIN.

Roger de Bussy-Rabutin, né en Nivernois, en 1618, mourut en Bourgogne en 1693. Il eut, dans le cours des 72 ans qui séparent ces deux dates, les amours et les aventures, il éprouva les faveurs et les disgrâces, il écrivit les lettres et les mémoires, il témoigna la légèreté, l'indiscipline et la valeur, il composa les histoires et les romans, que chacun a si bien lus, sait et connoit si bien. Répéter leur simple sommaire seroit donc une inutile redite.

Le point important non de son existence, mais de la citation qui va suivre, est celui de sa liaison avec Monsieur du Prat.

C'est surtout à René du Prat, Baron de Jumeaux, capitaine de cavalerie, Maréchal de bataille, que l'attachoit une étroite amitié. René du Prat, que le plaisir des amours et le penchant à l'infidélité détournèrent du mariage, étoit fils d'Antoine du Prat, Baron de Formeries, de Thiers et de Viteaux, et de Chrétienne de Sayve, dame de Jumeaux. Antoine du Prat, Chancelier de France, étoit son trisaïeul.

La Baronnie de Viteaux et des alliances successives contractées à Dijon, dans les plus hautes familles du Parlement, avoient détourné la branche de René du Prat d'Auvergne en Bourgogne.

René du Prat étoit neveu de Philippe et d'Anne du Prat, qui acquirent quelque célébrité dans la république des lettres, et petit-fils d'Anne Seguier, femme de François du Prat, Baron de Thiers, qui ne le cédoit point à ses filles en littérature et en érudition.

Bussy-Rabutin dans ses Mémoires et dans son supplément à ces mêmes mémoires, Monsieur le Baron de Valkenaër dans ceux qu'il a écrits sur Madame de Sévigné, rendent à l'amitié du Baron de Jumeaux pour le comte du Bussy-Rabutin les témoignages qu'elle mérite. Ni le lit, ni la table; ni la guerre, ni l'amour, ni la poésie, ni la prison, ne les séparoient l'un de l'autre, et ils s'étoient promis que la mort ne pourroit et ne feroit pas plus, s'étant juré que le prémourant reviendroit donner au survivant des nouvelles des vérités éternelles, sur lesquelles ils se permettoient de n'avoir pas une foi très-affermie. Mais le congé manqua dans l'autre monde au gentilhomme qui le premier descendit au tombeau ; René du Prat fut celui qu'une grande débauche commise avec les Suisses après une belle victoire, fit disparoître d'abord. Roger de Bussy-Rabutin nous apprend lui-même dans ses mémoires comment il le perdit, le pleura et l'attendit vainement et longtemps.

Ce n'est point à l'adresse du Baron de Jumeaux qu'est la lettre suivante : mais j'ai pensé que la petite chronique qui précède seroit une introduction favorable et satisfaisante au sujet.

BUSSY-RABUTIN A MONSIEUR LE MARQUIS DE DANGEAU.

Détails de guerre relatifs à la prise de Maëstricht et au passage du Rhin.

25 juillet 1673.

Je dois vous rendre compte, Monsieur, de ce qui s'est passé à l'armée, puisque vous m'en témoignez le désir. Déjà je vous ai parlé du siége de Maëstricht; je veux vous dire aujourd'hui ceux qui ont été blessés au passage du Rhin, où Monsieur le duc de Longueville a perdu la vie.

Messieurs d'Aubterre, de Beaumont, de Saint-Arnoul, de Beaufort, de Montreau et de Beauveau y ont tous combattu avec beaucoup de valeur, et leurs blessures en sont d'assurés témoignages. Monsieur le Marquis de Thermes, de la maison de Gondrin, très-bien fait de sa personne, y a été blessé au visage dans le troisième combat de ce grand jour, ainsi que Monsieur du Prat, de la maison du fameux Chancelier de ce nom, et qui est sous-lieutenant au régiment du Roi. Déjà ce dernier avoit été blessé dans une autre rencontre. On dit que le Roi a écrit à sa famille une lettre pleine d'affection.

Monsieur de la Salle, fils du lieutenant des gendarmes, a reçu cinq coups dans le même combat où Messieurs de Thermes et du Prat ont été blessés.

Monsieur de Soubise, Monsieur le Comte de Lyonne, Monsieur le Marquis de Chavigny, Monsieur le Marquis d'Ambre, Monsieur le Chevalier de Nantouillet (1), Monsieur de Cavoys et Monsieur de Barbezières, sont au nombre des braves qui se sont le plus signalés dans cette affaire.

On dit que Monsieur de Turenne avoit couché près du canon sur une botte de foin, n'ayant pas voulu accepter un carrosse qu'on lui avoit offert pour se coucher ; et Monsieur de Chamilly lui ayant fait donner avis que Masseic, ville sur la Meuse à trois lieues au-dessous de Maëstricht, qui prétend être neutre, ne vouloit point recevoir de troupe de France, il lui avoit envoyé l'ordre de la battre avec le canon, ce qui ayant été fait, elle se rendit aussitôt, n'étant demeuré que deux soldats et un aide major du régiment d'Alsace qui furent tués.

Voilà, Monsieur, ce que je sais des nouvelles de la guerre. Je suis bien sincèrement votre-très affectionné,

BUSSY-RABUTIN.

Donnez-moi les nouvelles de la Cour.

---

(1) François du Prat de Barbançon, dit d'abord le Chevalier de Nantouillet, devenu par la mort de ses trois frères aînés, comte de Barbançon et marquis de Nantouillet. C'est lui que Boileau a cité dans son épître sur le passage du Rhin, ainsi que Madame de Sévigné dans une lettre sur le même sujet.

MADEMOISELLE DE NANTOUILLET
ET L'ABBÉ DE TORCHE.

Mademoiselle de Nantouillet, à laquelle il faut attribuer les questions suivantes, étoit Magdelaine du Prat, fille de Louis-Antoine du Prat, Marquis de Nantouillet et de Précy, et de Madelaine de Baradat. Elle étoit nièce par sa mère d'Henri de Baradat, évêque de Noyon, et de François de Baradat, favori de Louis XIII. Par son père, Antoine du Prat, Chancelier de France, étoit son quadrisaïeul.

Mademoiselle de Nantouillet aima et cultiva les lettres ; vers 1650, elle épousa Gilbert de Chalus, marquis de Saint-Priest, qui, aux grands jours d'Auvergne, fut condamné à la décapitation.

L'abbé Torches, ou de Torche, et quelquefois Torchu, avec lequel elle entretient la discussion subtile et quintessenciée qui va suivre, étoit né vers 1635 à Béziers, et mourut à Montpellier en 1675. La poésie et le côté frivole de la littérature furent le penchant de ses goûts, que des aptitudes réelles et des talents précoces auroient dû rendre plus sérieux. Son éducation faite chez les Jésuites le porta, dès l'âge de 16 ans, à prendre leur habit ; mais une intrigue l'obligea de le quitter avant qu'il n'eût fait ses vœux. Conduit à Paris, et dirigé vers la Sorbonne par la persévérance d'une fantaisie théologique qui n'étoit point un attrait et moins encore une vocation, il quitta une deuxième fois les graves études pour se livrer à la dissipation. Sa famille et sa plume suffisoient à peine à ses besoins. Barbin le payoit pour qu'il fournît de romans sa boutique ; il consacroit ses nuits au travail et ses jours au plaisir. Madame de Ferlingham, que de mauvaises affaires avoient conduite à tenir une maison de jeu, avoit séduit l'abbé de Torche par l'agrément de ses deux filles ; mais voyant l'honnêteté de ses vœux repoussée, tout aussi bien que l'audace et l'inconvenance de ses désirs, il attribua son échec à leur mère, et sous l'anagramme de *Linghamfer*, il la peignit injurieusement dans une nouvelle intitulée *le Chien de Boulogne*. Les deux fils de Madame de Ferlingham prirent fait et cause pour leur mère, et se méprenant sur le coupable qu'ils confondirent avec un jeune abbé fort innocent du crime, ils assommèrent à peu près celui-ci sous le bâton, en lui criant pour explication de leur rude procédé : *Il te souviendra du chien de Boulogne*. Cette aventure effraya l'abbé de Torche : tout intact qu'il fût demeuré, il quitta Paris et mourut à l'âge de 40 ans à Montpellier.

Ce fut au milieu de ces aventures que l'abbé de

Torche, composa des romans assez fades et des poésies légères fort inférieures au mérite de son esprit. Du nombre de ces dernières est le morceau suivant, alternativement écrit par Mademoiselle de Nantouillet et par lui. L'aisance et la facilité de son style, soit en vers, soit en prose, n'ont point donné à sa mémoire ni à son nom, la réputation à laquelle ils eussent pu prétendre et atteindre si ces morceaux, trop souvent négligés quoique presque toujours agréables, eussent été médités moins en courant, et composés moins en se jouant.

QUESTIONS ET RÉPONSES EN VERS.

Les questions sont de Mademoiselle de Nantouillet.
Les réponses de l'abbé de Torche.

Première question.

Lequel est le plus glorieux
Aux charmes d'une belle
De remettre en ses fers un esclave rebelle,
Ou de rendre un autre infidèle,
Lorsqu'autrepart il est heureux ?

Réponse.

Pourquoi rendre infidèle un amant bienheureux ?
Pour l'engager peut-être en de rudes supplices.

Je crois qu'il est moins dangereux
De s'en tenir aux premiers sacrifices.
Si vous voulez former de plus nobles projets,
Et dans d'autres états exciter des tempêtes,
Domptez auparavant vos rebelles sujets,
Et vous ferez après de nouvelles conquêtes.

Deuxième question.

Quand on voit qu'un amant tâche à se dégager
Doit-on s'en affliger ?
Ou de sa trahison faut-il que l'on s'irrite ?
Enfin n'espérant plus pouvoir le retenir
Faut-il attendre qu'il nous quitte
Ou bien doit-on le prévenir ?

Réponse.

Lorsque par des efforts divers
Un amant veut sortir des mains d'une maîtresse,
Il ne rompt pas toujours la chaîne qui le presse
Toutes les fois qu'il tâche à secouer ses fers.
Ne prévenez donc point, Iris, ce cœur rebelle :
Il n'est jamais permis d'être infidèle.

Troisième question.

Quand amour force un cœur ambitieux
A porter une indigne chaîne,
Et qu'enfin ce cœur amoureux
Préfère la bergère à la plus grande Reine,

Dans cet abaissement l'amour nous fait-il voir
Le plus grand des effets qu'on puisse concevoir
    De son tyrannique pouvoir ?
    Ou montre-t-il mieux sa puissance
Quand il en pousse un autre à la témérité
    D'aimer une illustre beauté
Dont il doit respecter le rang et la naissance
Et qu'il doit adorer dans un profond silence,
    Sans désirs et sans espérance,
    Enfin sans jamais présumer
    D'avoir une autre récompense
    Que le plaisir d'aimer ?

Réponse.

De tous côtés l'amour exerce son pouvoir
Mais dans le haut projet il pousse au désespoir,
Car que sert d'aspirer où l'on ne peut atteindre
D'être sans espérance et d'être sans désirs;
Quand on n'ose espérer et qu'on n'ose se plaindre,
L'amour est un tyran contraire à son plaisir,
Son empire est plus doux auprès d'une bergère
    A qui l'on pourroit librement
    Sur la verte fougère
    Dire l'excès de son tourment.
Ce n'est point abaisser son cœur ni sa noblesse
    De souffrir un semblable mal,
    Ni de le dire à celle qui nous blesse
L'amour comme la mort rend tout le monde égal.

L'ABBÉ DU PRAT ET L'ARCHEVÊQUE DE CAMBRAI.

L'abbé du Prat auquel s'adresse la lettre suivante de l'illustre Archevêque de Cambrai, appartenoit à la branche d'Hauterive, issue de Claude du Prat, seigneur d'Hauterive, oncle du Chancelier du Prat. Il étoit fils de Pierre du Prat, écuyer, Seigneur de Rouez, la Goupillière, etc., et de Thérèse-Dorothée le Maire de Millières-de-Courtemanche; il étoit frère de Mesdames de Faudoas et de Montesson, et de Pierre-Michel du Prat, qui continua la lignée.

Pierre-Jean-Baptiste du Prat embrassa l'état ecclésiastique, fut reçu docteur de la Faculté de Paris, de la maison et société royale de Navarre. En 1723, il étoit abbé commendataire de l'abbaye royale de Saint-Jean-en-Vallée-de-Chartres; en 1729, il fut prieur d'Ulmoy; en 1740, vice-gérant et grand vicaire de Montpellier. Il fut, en outre, abbé de Saint-Polycarpe, et de plus, parmi ces charges et outre ces bénéfices, il avoit été aumônier de S. A. R. Monseigneur le duc d'Orléans Régent. On l'avoit honoré de la proposition du siége de l'évêché de Dôle en Bretagne, dont il avoit refusé le fardeau.

Un long séjour en Auvergne, berceau de ses pères, l'avoit appliqué à un travail ecclésiastique sur cette province; une lettre de M. l'abbé Briflon, savant chanoine de Notre-Dame de Chartres, adressée à M. de la Roque, en date du 8 mai 1740, en consacre le souvenir. Selon son dire, il auroit fait imprimer, bien jeune encore, *une critique sur le propre du diocèse de Saint-Flour,* contenant « des remarques très-sensées » et qui peuvent intéresser les personnes curieuses » d'hagiologie, ou qui écrivent sur le culte des saints. ».

Bertin du Rocheret, dans ses curieuses, malignes, confuses, et malfaisantes généalogies, calomnie l'abbé de Saint-Jean en attribuant à sa plume un infâme roman intitulé *Vénus cloîtrée ou la religieuse en chemise.* Imprimé à Dusseldorf en 1746, il reçut deux années plus tard et toujours à l'étranger, une deuxième édition, aggravée par des figures analogues au sujet. Je ne sais quelle abbesse de Beaulieu avoit été injuriée par sa dédicace : son titre l'attribuoit à un abbé du Prat. Quels que fussent le nom et le caractère de l'auteur, ils n'indiquent assurément pas l'ancien protégé de l'Archevêque de Cambrai, tout agréable qu'il devint dans la suite au Régent, dont Messieurs du Prat de toutes les branches fréquentoient la cour. Sans pousser jusqu'à l'affirmation une supposition qui pourroit être gratuite, ne seroit-on point en droit d'attribuer cette production à un abbé du Prat d'habitudes assez répréhensibles et agitées dont le roi Louis XV écrivoit ce qui suit à M. le comte de Broglie, dans un billet autographe, non signé, en date de Versailles, le 2 mars 1771 :

« L'évêque d'Orléans m'a proposé dimanche un
» prieuré pour l'abbé du Prat que je lui ai donné.
» Mais, en le lui donnant, j'ai bien compté me sou-
» lager de ce que je lui donnois par vos mains. Il a
» déjà reçu plus de grâces qu'il n'en a méritées. S'il
» se conduit à l'avenir avec prudence, exactitude et
» hors de toute intrigue avec d'autre parti que le mien,
» il pourra participer de nouveau à mes bontés. Je
» vous donne ces 2,000 livres, par augmentation à
» Durand qui ne peut rien avoir sur les bénéfices (1). »

L'abbé de Saint-Jean continua son application aux belles-lettres et aux saines études sous des auspices plus heureux, et plusieurs manuscrits tracés de sa main sur des matières savantes et spirituelles, témoignent que ses relations avec un Prince trop souvent égaré et avec des ministres courtisans de ses penchants et complices de ses plaisirs, n'avoient point détourné son cœur et ses travaux de la ligne à laquelle l'avoient dévoué presque dès l'enfance sa précoce vo-

---

(1) Arch. imp. K., 157. Liasse 4, chem. 3, n° 12.

cation et sa noble carrière. L'abbé du Prat mourut vers l'an 1763.

L'ARCHEVÊQUE DE CAMBRAI A MONSIEUR L'ABBÉ DU PRAT, DOCTEUR DE LA MAISON ROYALE DE NAVARRE.

Il l'assure de son amitié, lui accorde ses prières, lui promet une belle carrière et lui envoie des livres.

Ce 8 mai 1714.

Rien ne pourra jamais, Monsieur l'Abbé, me donner plus de joie que les marques très-obligeantes de votre amitié. Un homme que vous aimez et qui vous aimera toujours a fait tout ce qui dépendoit de lui pour se procurer la consolation et le secours qu'il espéroit : mais on les lui a fait attendre de ceux de qui vous faites dépendre la chose. On a enfin pris le parti du silence parce qu'il faut céder à une Providence si marquée. — Nulle séparation, nulle distance des lieux, nulle longueur de temps, ne peuvent diminuer l'estime ni l'inclination dont on est plein pour votre personne. Priez pour ceux qui prieront toujours pour vous et qui vous portent dans leur cœur. Vous êtes appelé, je n'en doute pas, à un bel avenir, tant à cause de la noble et illustre maison à laquelle vous appartenez, qu'à cause de vos mérites personnels. En attendant, je prie le Seigneur de vous remplir de son esprit et de faire en sorte que le goût du recueillement et de la prière soit toujours en vous. Aimez moi comme un homme qui vous aime de tout cœur, et soyez persuadé que je suis très-parfaitement, Monsieur l'Abbé, votre très-affectionné,

Fr. Av., Duc de Cambrai.

Ci-joint vous trouverez, Monsieur l'Abbé, quelques livres que je me trouve heureux de pouvoir vous offrir, et désire de tout mon cœur qu'ils vous soient agréables.

Fr. Av. de C.

TABLE ANALYTIQUE DES MATIÈRES.

Préface V

François Ier et le Chancelier du Prat; Notice.. 1

A monsieur le Chancelier du Prat. — Beauté de S. S. Léon X. — Magnificence des cérémonies religieuses. — Détails sur la Pragmatique. — Allusion aux démarches faites pour obtenir la couronne impériale d'Allemagne. 5

A monsieur le chancelier du Prat. — Sur quelques rumeurs et scandales de Cour.. 6

L'empereur Charles-Quint au roi François Ier. — Touchant une mission dont fut chargé près de lui le Chancelier du Prat. 7

Le roi François Ier au cardinal de Sens, chancelier. — Touchant la garde et tutelle des enfants de Madame de Rohan, attribuée à la Reine de Navarre. 8

Louise de Savoie et le chancelier du Prat. — Notice. . . 10

Louise de Savoie au chapitre de la cathédrale de Clermont. — Elle lui recommande l'élection de Guillaume du Prat comme Evêque, en remplacement de Thomas du Prat, son oncle, décédé. 12

La reine de Navarre et le chancelier du Prat. — Notice. . 14

Marguerite d'Angoulême au chancelier du Prat. — Elle le félicite des pouvoirs que lui a conférés le Roi son frère. . . 15

Marguerite d'Angoulême au chancelier du Prat. — Elle lui expose les clauses du traité imposées par l'Empereur Charles-Quint.. 18

MARGUERITE D'ANGOULÊME AU CHANCELIER DU PRAT. — Touchant le procès du comte de Dreux.. 21

MARGUERITE D'ANGOULÊME AU CHANCELIER DU PRAT. — Elle le questionne sur l'existence de Chapelet du Prat. 23

MARGUERITE D'ANGOULÊME A ANTOINE LE MAÇON. — Elle lui demande un exemplaire de sa traduction de Boccace. 23

LE CHANCELIER DU PRAT ET RABELAIS. — Notice 29

FRANÇOIS RABELAIS A MONSEIGNEUR DE CHATILLON. — Il lui raconte par quel artifice il a obtenu une audience du Chancelier du Prat. 33

GUILLAUME DU PRAT, ÉVÊQUE DE CLERMONT, ET ANTOINE DU PRAT, PRÉVÔT DE PARIS. — Notice 37

L'ÉVÊQUE DE CLERMONT AU PRÉVÔT DE PARIS. — Il comptoit retourner en France, mais l'ouverture du concile l'a retenu. — Il envoie Lambre à sa place pour s'enquérir de ses affaires, et prie son frère de lui venir en aide. — Il auroit bien voulu se trouver en Auvergne quand il y viendra, et lui faire les honneurs de Notre-Dame du Puy. — Il le prie d'user de toutes choses chez lui, comme à lui appartenant.. 47

L'ÉVÊQUE DE CLERMONT AU PRÉVÔT DE PARIS. — Il a reçu ses dépêches de Paris, mais non celles de Villers-Cotterets. — Etat de sa santé. — Nombre des prélats à Trente, où ils sont comme prisonniers, et n'ont d'autre plaisir que de recevoir des nouvelles de tous pays. — Il doute que Trente soit un lieu à contenir tant de monde, et pense qu'il faudra transférer le concile ailleurs. — Il profitera de ce mouvement pour faire un tour en France. — Nouvelles de l'Empereur et de la diète. — Noms des députés. — Troubles à Sienne. — Désir qu'il a de le revoir. — Il sera surpris de sa longue barbe. 49

L'ÉVÊQUE DE CLERMONT AU PRÉVÔT DE PARIS. — Il se disposoit à partir de Rome pour assister à Trente à l'ouverture du concile, quand il a reçu l'ordre du Roi de s'en retourner en France. —

Message à ce sujet. — Etat de ses finances et de sa santé. — Ses efforts pour bien remplir sa mission. 53

L'évêque de Clermont au prévôt de Paris. — Il a écrit à Messieurs du conseil pour obtenir un congé après sa maladie. — Il prie son frère d'appuyer sa demande. 56

L'évêque de Clermont au prévôt de Paris. — Il sollicite à nouveau son congé. — Touchant la septième session du concile où ont été réfutées les erreurs des luthériens sur les sacrements. — Nouvelles d'Allemagne et du Turc. — En P. S. il a reçu son congé. 57

L'évêque de Clermont au prévôt de Paris. — Lambre, qu'il a envoyé en Auvergne, devoit lui présenter une cédule de dix-sept cents livres; mais cette pièce ne se trouvant pas, il le prie de payer cette somme, ce nonobstant, celle-ci devant servir de quittance. 60

L'évêque de Clermont au prévôt de Paris. — Touchant le retard de son voyage. — L'Empereur, aidé par le Pape, fait de grands préparatifs contre les protestants. — Du concile qu'il est question de transférer. — Nouvelles de sa santé. — Propositions à M. de Montpellier d'échanger son abbaye de Chalis contre celle de Moissac. 62

L'évêque de Clermont au prévôt de Paris. Il a été malade et n'a voulu rien lui en dire en sa dernière. — Il va mieux et quitte Trente pour Padoue pour changer d'air. — Il aspire après son congé. — L'armée du Pape est en marche. — Les luthériens occupent déjà les passages. — Il y aura débat. 65

L'évêque de Clermont au prévôt de Paris. — Au sujet du décret de justification. — Nouvelles de l'Empereur, dont l'armée fait des pertes par la maladie. — Il insiste pour obtenir son congé, l'air de Trente lui étant défavorable. 67

L'évêque de Clermont au prévôt de Paris. — Il lui mande de ses nouvelles, et voudroit savoir si M. le Connétable se recorde du temps passé. 69

L'ÉVÊQUE DE CLERMONT AU PRÉVÔT DE PARIS. — Au sujet de son procès avec le sieur Ripaud pour son archidiaconat. — Nouvelles d'Allemagne. — Diète de Ratisbonne et de Worms. . . 70

L'ÉVÊQUE DE CLERMONT AU PRÉVÔT DE PARIS. — Heureuse capture de vingt-huit mulets chargés de butin pour le camp de l'Empereur. — Les ennemis repoussés de Metz. — la Reine attendue. 72

ANTOINE DU PRAT, V^e DU NOM, ET ANTOINE DU PRAT, IVe DU NOM, PRÉVÔT DE PARIS. — Notice. 74

ANTOINE DU PRAT A MONSIEUR DE NANTOUILLET, PRÉVÔT DE PARIS, SON PÈRE. — Nouvelles de la Cour. — Humeur de Monsieur le Connétable. — De Messieurs de Guise, le Cardinal de Lorraine et de Chatillon. — Il est toujours souffrant de son cautère. — Visité par Burgensis. — Détails divers. 82

ANTOINE DU PRAT A MONSIEUR DE NANTOUILLET, PRÉVÔT DE PARIS, SON PÈRE. — Son arrivée en Cour. — Il est très-bien accueilli du Maréchal de Saint-André, du Connétable et de Monsieur l'Amiral. — Mort du Roi d'Angleterre. — Nouvelles de l'armée. — Départ prochain du Connétable pour dresser le camp entre Amiens et Abbeville. — Noms des seigneurs ici présents. 84

ANTOINE DU PRAT A MONSIEUR DE NANTOUILLET, PRÉVÔT DE PARIS, SON PÈRE. — Nouvelles du Roi et de l'armée. — De la prise d'Hédin. — Morts et blessés notables. — Incertitudes du Connétable. 87

ANTOINE DU PRAT A MONSIEUR DE NANTOUILLET, PRÉVÔT DE PARIS, SON PÈRE. — Il veut le tenir au courant des choses de la guerre. — Il remplit ses devoirs de religion autant que le lui permettent les circonstances. — Est fort bien venu du Connétable et de Messieurs ses enfants, à la table desquels il mange. — Il loge avec Saint-Supplice. — Nouvelles de l'armée. — Noms des seigneurs qui ont joint le Connétable. — Faits de l'Empereur. — Détails divers. — Recommandations pour le petit seigneur de Saint-Supplice. 89

Antoine du Prat a monsieur de Nantouillet, prévôt de Paris, son père. — Il a reçu sa lettre par Monsieur de Seneterre. — Il entre la nuit dans Metz avec une bonne troupe. — Le Duc de Guise, bien accompagné, est arrivé de Verdun le 26 octobre avec le Connétable. — Son peu d'argent. — Gentilshommes déjà blessés. — Prise de M. d'Aumale 92

Antoine du Prat a monsieur de Nantouillet, prévôt de Paris, son père. — Affaire avec Saint-Just. — Détails sur son ménage. — Sa dépense de chaque jour. — Nouvelles du camp. — Le Roi et le Connétable. — Mort de Curton. 95

Antoine du Prat a monsieur de Nantouillet, prévôt de Paris, son père. — Nouvelles de l'armée. — Il est logé près de M. de Mandosse. — Est fort bien accueilli du Cardinal de Lorraine, etc. 97

Antoine du Prat a monsieur de Nantouillet, prévôt de Paris, son père. — Pourparlers d'arrangement de sa querelle avec le sieur de Mortemart, entre le sieur de Rostaing, Saint-Just et le Vigean. — Faits divers 99

Monsieur de Montmorency a Antoine du Prat, seigneur de Nantouillet, prévôt de Paris. — Au sujet de la querelle de A. du Prat, son fils, et du jeune Mortemart, qu'il mettra soin d'arranger en ménageant l'honneur de chacun. — Blessure du fils de Montmorency, laissé prisonnier et conduit à Saint-Omer, et de là sans doute à Bruxelles, vers l'Empereur. 102

Antoine du Prat a messieurs de Monceaulx et Lecoq. — Consultation médicale. 103

Le marquis de Saint-André a Antoine du Prat, seigneur de Nantouillet, baron de Thoury, prévôt de Paris. — Il lui demande pour Jehan Robert, gendre de Taveau, le greffe de sa terre de Thoury, vacant par la mort de Jehan de Morelles. . . . 106

Catherine de Médicis, Anne du Prat et Jehan d'Avost. — Notice 108

Catherine de Médicis au Roi Henri III. — Elle l'informe des qualités d'Anne du Prat.—Elle la lui recommande et l'invite à s'ouvrir à elle en toute confiance. 113

ANNE DU PRAT A MESSIRE JEHAN D'AVOST, OFFICIER DE LA REINE. — Elle lui envoie des manuscrits qu'elle tient de la Reine Catherine de Médicis. 114

ANTOINE DU PRAT ET GABRIEL SIMÉONI. — Notice. . . . 116

GABRIEL SIMÉONI A ANTOINE DU PRAT, SEIGNEUR DE NANTOUILLET, PRÉVÔT DE PARIS. — Nouvelles diverses. — Le Roi quitte Anet pour l'Isle-Adam avec le Connétable. — Son indisposition causée par les mauvaises nouvelles de l'ennemi. — L'ambassadeur de Transylvanie. — Il regrette que M. de Nantouillet ou son fils ne soient pas près du Roi en ces tristes circonstances. . . 123

GABRIEL SIMÉONI A ANTOINE DU PRAT, SEIGNEUR DE NANTOUILLET, PRÉVÔT DE PARIS.—Détails sur les voyages du Roi et de la Cour. — D'Offémont au camp. — Personnel. — Le Cardinal de Tournon. — Le Connétable. — Nouvelles d'Italie. — La Corne. — Pierre Strozzi. — L'évêque de Tortone. — Le prieur de Capoue. — Messieurs de Vassé, d'Aumale et de Brissac. — Les suisses et les lansquenets à Châlons en Champagne. — Les services près du Connétable et du Roi. — Pénurie d'argent. 126

GABRIEL SIMÉONI A ANTOINE DU PRAT, SEIGNEUR DE NANTOUILLET, PRÉVÔT DE PARIS. — Bruits divers sur la guerre ou la paix. — Le jeune d'Allègre en Bourbonnois. — Touchant le camp. — Les dames iront à Reims. — Révolte en Angleterre. — Le roi d'Alger et le Turc. — Création de cent chevaliers moyennant finance. 131

GABRIEL SIMÉONI A ANTOINE DU PRAT, SEIGNEUR DE NANTOUILLET, PRÉVÔT DE PARIS. — Nouvelles de l'armée. — Le prieur de Capoue. — Sortie de Pierre Strozzi contre l'ennemi. — Le Cardinal de Ferrare. — Indisposition du Connétable. — Nouvelles diverses 133

GABRIEL SIMÉONI A ANTOINE DU PRAT, SEIGNEUR DE NANTOUILLET, PRÉVÔT DE PARIS. — Nouvelles courantes. — Départ du Roi. —

Le Connétable va disposer le camp de Saint-Quentin. — Les dames s'en vont à Château-Thierry et à Reims, etc. . . . 135

Gabriel Siméoni a Antoine du Prat, seigneur de Nantouillet, prévôt de Paris. — Nouvelles du camp de Saint-Quentin. 136

Gabriel Siméoni a Antoine du Prat, seigneur de Nantouillet, prévôt de Paris. — Nouvelles diverses. — Le Roi fera le baptême et le mariage de la fille du Connétable avec le neveu du Cardinal de Tournon. — Le Roi avec la Reine ira de Compiègne à Saint-Germain. — Abbeville. — Passage du Prince d'Espagne en Italie. 138

Gabriel Siméoni a Antoine du Prat, seigneur de Nantouillet, prévôt de Paris. — Itinéraire du Roi et de la Cour d'Offémont à Soissons et à la Fère-en-Tardenois. — Camp de Tigny. — Cussy. — Reims 139

Gabriel Siméoni a Antoine du Prat, seigneur de Nantouillet, prévôt de Paris. — Nouvelles diverses d'Italie. — Madame de Valentinois. — Le Cardinal de Tournon. — Dîner que donne Madame. 140

Messieurs du Prat et Brantôme. — Notice 143

Brantôme a monsieur de l'Étoile. — Sur la mort de Madame de Bourbon, femme du Connétable. — Le Chancelier du Prat excite la duchesse d'Angoulême à épouser le Prince, devenu veuf. 148

Messieurs du Prat et Michel de Montaigne. — Notice. . . 150

Montaigne a Antoine du Prat, seigneur de Nantouillet prévôt de Paris. — Il l'entretient des massacres et exécutions des religionnaires à Nérac, Castel-Jaloux et Bazas, et notamment de la mort de la femme de Gaspard du Prat. 152

Montaigne a Antoine du Prat, seigneur de Nantouillet, conseiller du Roi, prévôt de Paris. — Exposition philosophique des trois freins qui doivent modérer la puissance absolue du souverain. 153

Messieurs du Prat et monsieur de Thou. — Notice. . . . 155

Monsieur de Thou a monsieur de Harlay. — Il l'entretient du passage de Montaigne à Nantouillet. — Des causes des troubles actuels. — De l'assassinat d'Anne de Barbançon, femme d'Antoine du Prat.. 164

Monsieur de Thou a Brantôme. — Touchant la galanterie du comte d'Angoulême pour Marie d'Angleterre, femme du Roi Louis XII, et de l'obstacle qu'Antoine du Prat mit à son développement. 165

Relation, par monsieur de Thou, des massacres de la Saint-Barthélemy, tirée d'un manuscrit autographe signé A. de Thou. 167

Henri IV et messieurs du Prat. — Notice. 188

Henri IV a Isaac du Prat, seigneur de la Caseneufve. — Il lui annonce le passage d'un courrier et le recommande à son bon accueil. 191

Henri IV a monsieur du Prat, capitaine commandant d'Argental. — Il lui accuse réception de ses lettres et le loue des services qu'il a rendus à sa cause. 192

Henri IV a monsieur de Nantouillet, en son hôtel a Paris. — Il lui donne ordre de le joindre au Mans. 193

Messieurs du Prat et de Bussy-Rabutin — Notice. . . . 194

Bussy-Rabutin a monsieur le marquis de Dangeau. — Détails de guerre relatifs à la prise de Maëstricht et au passage du Rhin. 196

Mademoiselle de Nantouillet et l'abbé de Torche. — Notice. 198

Questions et réponses en vers. — Les questions sont de mademoiselle de Nantouillet, les réponses de l'abbé de Torche. 200

L'abbé du Prat et l'archevêque de Cambrai. — Notice . . 203

L'archevêque de Cambrai a monsieur l'abbé du Prat, docteur de la maison royale de Navarre. — Il l'assure de son amitié, lui accorde ses prières, lui promet une belle carrière et lui envoie des livres. 206

www.ingramcontent.com/pod-product-compliance
Lightning Source LLC
Chambersburg PA
CBHW051906160426
43198CB00012B/1775